Herwig Mayer · Martin Mose

Lungau

Radstädter und Schladminger Tauern

50 ausgewählte Tal- und Höhenwanderungen

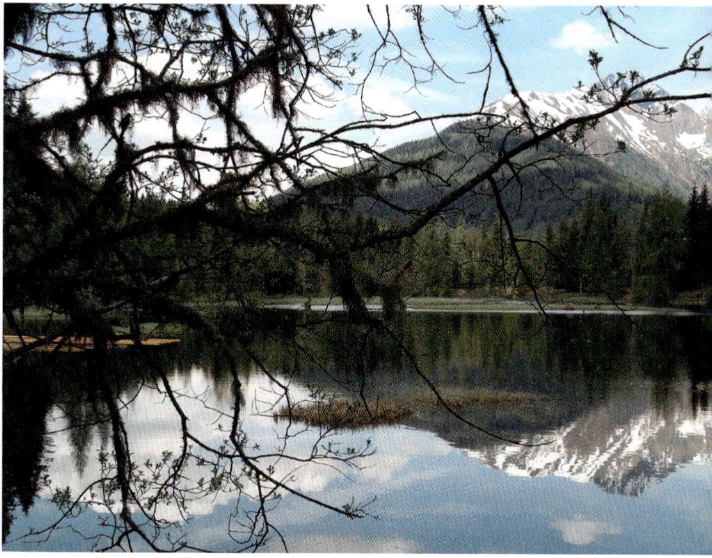

ROTHER
BERGVERLAG

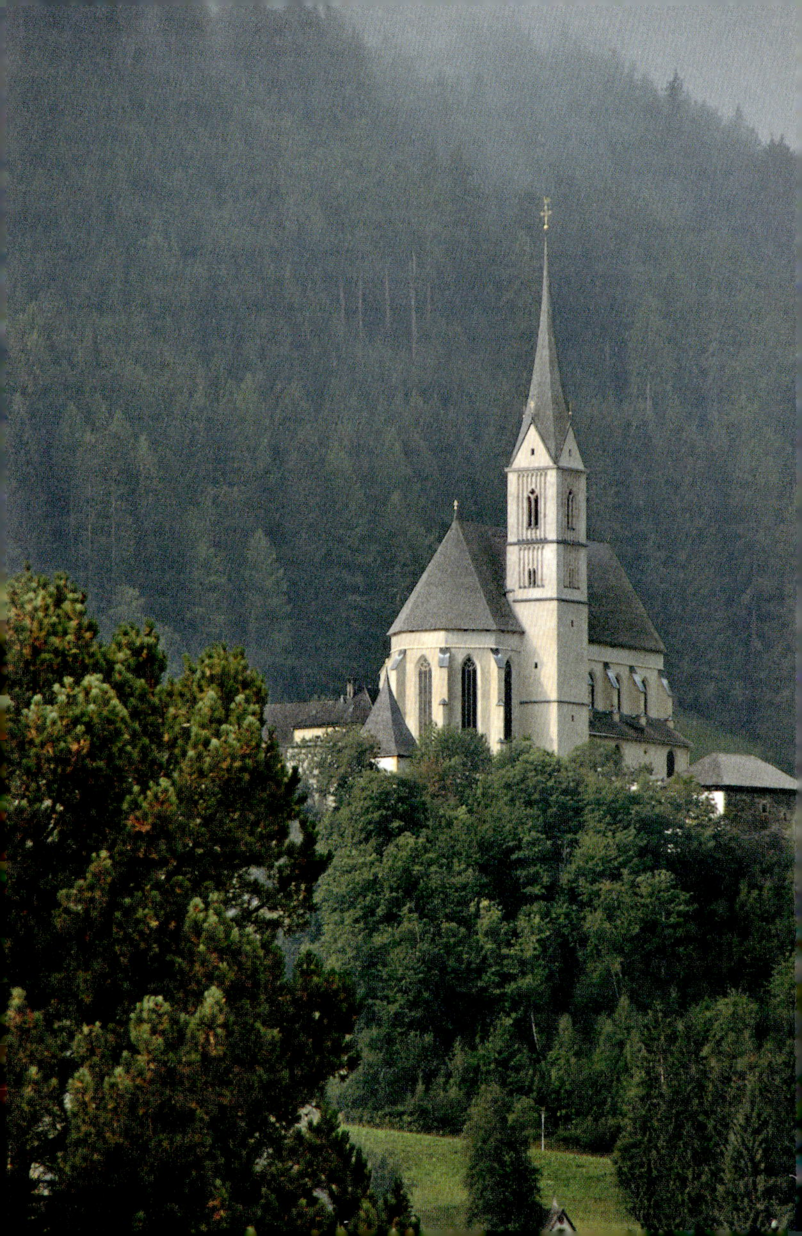

VORWORT

»Das österreichische Sibirien. Unter diesem Namen ist der Lungau in ganz Europa, ja weit darüber hinaus – auch in Amerika und bei den Fidschi-Insulanern – bekannt. Wo dieser bemerkenswerte Gau liegt, weiß freilich niemand ...« sinnierte die »Tauern-Post« schon anno 1928 und daran hat sich bis heute nicht sehr viel geändert. Der Vergleich mit Sibirien ist zwar ziemlich übertrieben, aber mit der Frage, wo der Lungau genau liegt, könnte man sicher viele Quizkandidaten aus dem Rennen werfen.
Ganz im Süden des Bundeslandes Salzburg gelegen, öffnet er sich mehr zur angrenzenden Steiermark als zur Landeshauptstadt Salzburg. Nach Kärnten führte die einzige Verbindung über den Katschberg. So ist es verständlich, dass der Lungau über lange Zeit ein Dornröschendasein fristete und erst durch die Tauernautobahn so richtig für den Tourismus erschlossen wurde.
Zwischen den Ausläufern der Hohen und der Niederen Tauern im Norden und Westen, den Nockbergen im Süden und der Steiermark im Osten erstreckt sich eine weitgehend unberührte Naturlandschaft, die nur gegen Südosten knapp unter die Tausend-Meter-Marke abfällt.
Die heimischen Tourismusmanager haben diese Abgeschiedenheit geschickt in den Werbeslogan »Hier ist die Natur noch natürlich« verpackt. Sie treffen damit voll ins Schwarze, wenn es darum geht, den Lungau als Wanderparadies par excellence zu präsentieren. Ein engmaschiges Wegenetz erschließt die zahllosen Gipfel. Bewirtschaftete Almen und Hütten sorgen unterwegs für das leibliche Wohl, viele Bergseen, Wasserfälle und Gebirgsflüsse bereiten unvergesslichen Wandergenuss. Dazu kommen das heute noch allerorts gelebte Brauchtum sowie viele kulturhistorische Kostbarkeiten, die allein schon eine Reise in den Lungau wert sind.

Herwig Mayer erwanderte den Lungau für die 1. Auflage dieses Wanderführers im Jahr 2007 und sorgte seither für die laufende Aktualisierung. Er verstarb leider im Jahr 2021. Ich habe nun die Ehre, sein Werk weiterzuführen und auf den neuesten Stand zu bringen, damit Sie unbeschwerte Wanderungen im Lungau erleben können. Genießen Sie Ihren Aufenthalt im »österreichischen Sibirien«.

Wien, im Sommer 2023
Martin Moser

Wallfahrtskirche St. Leonhard.

INHALTSVERZEICHNIS

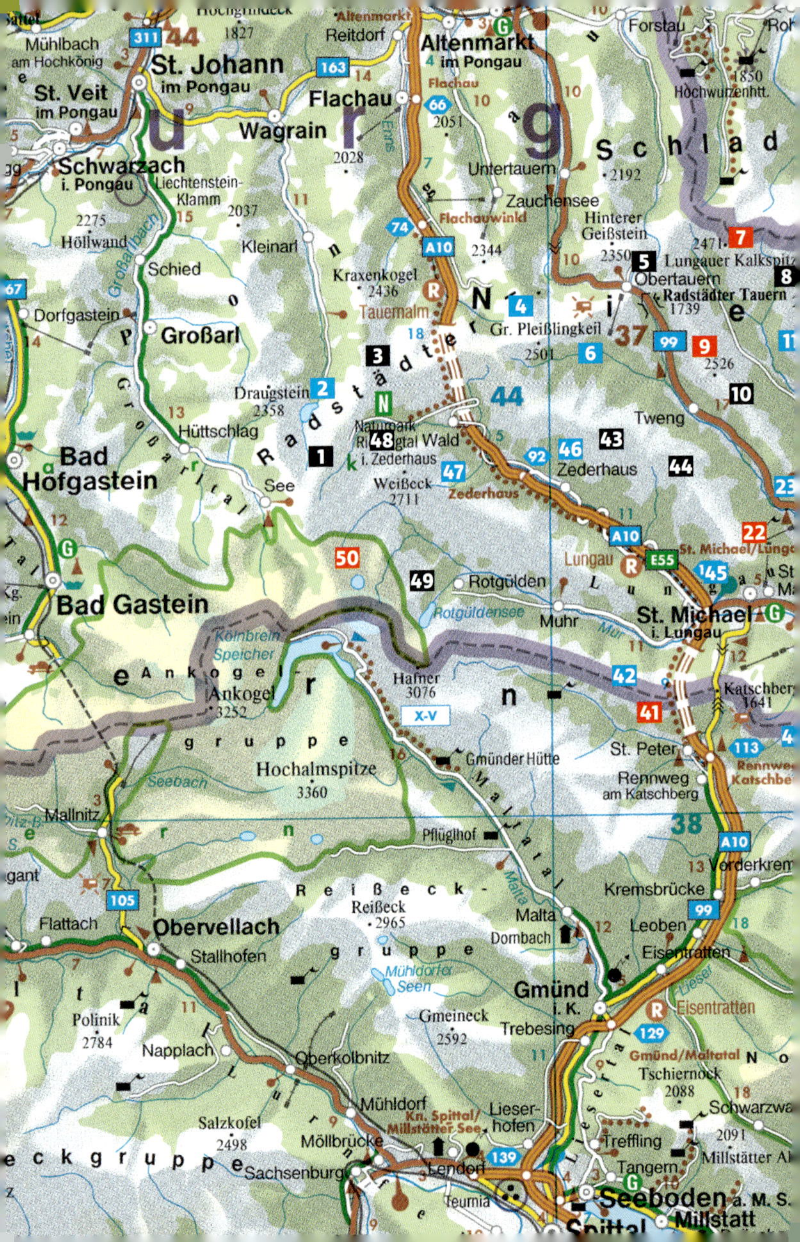

Mühlbach am Hochkönig
St. Johann im Pongau
Altenmarkt im Pongau
Reitdorf
Forstau
Hochwurzenhtt.
St. Veit im Pongau
Wagrain
Flachau
Schwarzach i. Pongau
Liechtenstein-Klamm
Untertauern
Zauchensee
Hinterer Geißstein
Höllwand
Kleinarl
Flachauwinkl
Lungauer Kalkspitz
Obertauern
Radstädter Tauern
Kraxenkogel
Schied
Tauernalm
Gr. Pleißlingkeil
Dorfgastein
Großarl
Großarlbach
Draugstein
Radstädter Tauern
Tweng
Naturpark Riedingtal Wald i. Zederhaus
Hüttschlag
Bad Hofgastein
Zederhaus
Weißeck
Großarltal
See
Lungau
St. Michael/Lungau
Rotgülden
Rotgüldensee
Muhr
Mur
St. Michael i. Lungau
Bad Gastein
Kölnbrein Speicher
Hafner
Katschberg
Ankogel
Ankogelgruppe
Gmünder Hütte
St. Peter
Rennweg am Katschberg
Hochalmspitze
Seebach
Maltatal
Mallnitz
Pflüglhof
Vorderkrems
Kremsbrücke
Reißeck
Reißeckgruppe
Malta
Dornbach
Leoben
Eisentratten
Flattach
Obervellach
Stallhofen
Mühldorfer Seen
Gmünd i. K.
Eisentratten
Polinik
Gmeineck
Trebesing
Napplach
Oberkolbnitz
Gmünd/Maltatal
Tschiernock
Schwarzwa
Salzkofel
Mühldorf
Kn. Spittal/ Millstätter See
Lieserhofen
Treffling
Möllbrücke
Millstätter Al
Tangern
Sachsenburg
Lendorf
Teurnia
Seeboden a. M. S.
Spittal
Millstatt
Lieser
Malta

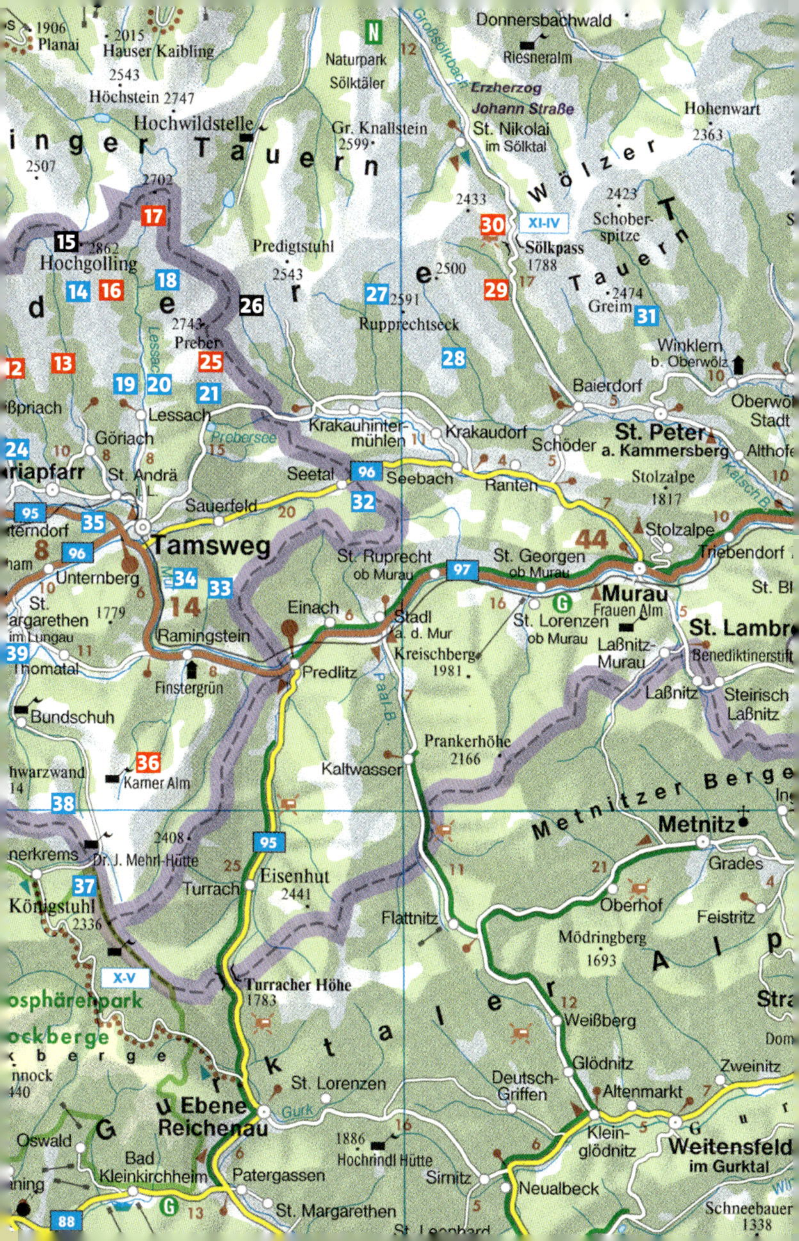

Planai
Hauser Kaibling
Höchstein
Hochwildstelle
Naturpark Sölktäler
Gr. Knallstein
Donnersbachwald
Riesneralm
Großsölkbach
Erzherzog Johann Straße
St. Nikolai im Sölktal
Hohenwart
Schladminger Tauern
Wölzer Tauern
Hochgolling
Predigtstuhl
Schoberspitze
Sölkpass
XI-IV
Rupprechtseck
Greim
Preber
Lessach
Winklern b. Oberwölz
Baierdorf
Oberwölz Stadt
Göriach
Prebersee
Krakauhintermühlen
Krakaudorf
Schöder
St. Peter a. Kammersberg
Althofen
Mariapfarr
St. Andrä i. L.
Seetal
Seebach
Ranten
Stolzalpe
Kalsch B.
Sauerfeld
Tamsweg
St. Ruprecht ob Murau
St. Georgen ob Murau
Triebendorf
Mauterndorf
Unternberg
Mur
St. Margarethen im Lungau
Einach
Stadl a. d. Mur
St. Lorenzen ob Murau
Murau
Frauen Alm
St. Lambrecht
Benediktinerstift
Ramingstein
Kreischberg
Laßnitz-Murau
Thomatal
Finstergrün
Predlitz
Laßnitz
Steirisch Laßnitz
Bundschuh
Paal B.
Prankerhöhe
Schwarzwand
Karner Alm
Kaltwasser
Metnitzer Berge
Metnitz
Innerkrems
Dr. J. Mehrl-Hütte
Grades
Eisenhut
Turrach
Königstuhl
Oberhof
Flattnitz
Feistritz
Mödringberg
X-V
Turracher Höhe
Nockberge
Biosphärenpark
Nockberge
Weißberg
Gurktaler Alpen
Glödnitz
Zweinitz
St. Lorenzen
Deutsch-Griffen
Altenmarkt
Ebene Reichenau
Gurk
Klein-glödnitz
Weitensfeld im Gurktal
Oswald
Hochrindl Hütte
Bad Kleinkirchheim
Patergassen
Sirnitz
Neualbeck
St. Margarethen
Schneebauer
St. Leonhard

WICHTIGE HINWEISE FÜR UNTERWEGS

Anforderungen

Der Lungau und die angrenzende Steiermark sind mit einem überaus dichten Wegenetz überzogen. Die meisten der hier angeführten Wanderungen verlaufen auf gut markierten Wegen. Geht es einmal unmarkiert weiter, so wird darauf besonders hingewiesen. Da der Lungau fast zur Gänze über der Tausend-Meter-Marke liegt, kommt man bei vielen Touren in hochalpine Regionen, in denen stets mit Wetterstürzen zu rechnen ist. Dies bedeutet, dass auch während des ganzen Sommers plötzlich einsetzende Schneefälle keine Seltenheit sind. Warme, winddichte Kleidung sollte also stets griffbereit im Rucksack sein. Zudem befindet man sich rasch oberhalb der Baumgrenze, was besonders bei aufziehenden Gewittern zu beachten ist.
Bei manchen Touren sind Aufstiege auf nahe gelegene Gipfel als mögliche Variante angeführt. Die Wanderung kann dadurch wesentlich schwieriger werden; den Hinweis »Nur für erfahrene und trittsichere Geher« sollte man deshalb strikt befolgen. Forststraßen machen das Gehen zwar leichter, werden aber bald zum eintönigen »Straßenhatscher«. Waldwegen, kleinen Steigen über Almwiesen und im leichten Blockgestein wird, wenn möglich, der Vorzug gegeben. Im Gipfelbereich kann es manchmal schon ein wenig felsig sein, sodass auch die Hände zu Hilfe genommen werden müssen. Bei Regen oder Schnee muss allerdings damit gerechnet werden, dass die Schwierigkeit zunimmt.
Die farbliche Kennzeichnung der Touren soll bei der Einschätzung der Schwierigkeiten und des eigenen Könnens als Leitlinie dienen:

SCHWIERIGKEITSKATEGORIEN

■ = Leicht

Die Wege sind gut markiert, ausreichend breit und meist nicht sehr steil. Auch Kinder und ältere Menschen werden bei normalen Bedingungen keine besonderen Probleme haben.

■ = Mittel

Auch diese Wege sind ausreichend markiert, jedoch oftmals schmal und über längere Strecken steil und mit Drahtseilen abgesichert. Trittsicherheit und eine entsprechende Ausrüstung sind Voraussetzung.

■ = Schwierig

Die Wege sind meist gut markiert, jedoch oft schmal, sehr steil und manchmal auch recht ausgesetzt. Auch wird es an manchen Stellen nötig sein, die Hände zu Hilfe zu nehmen. Diese Touren sollten nur von erfahrenen, absolut trittsicheren, schwindelfreien und konditionsstarken Bergwanderern gewählt werden.

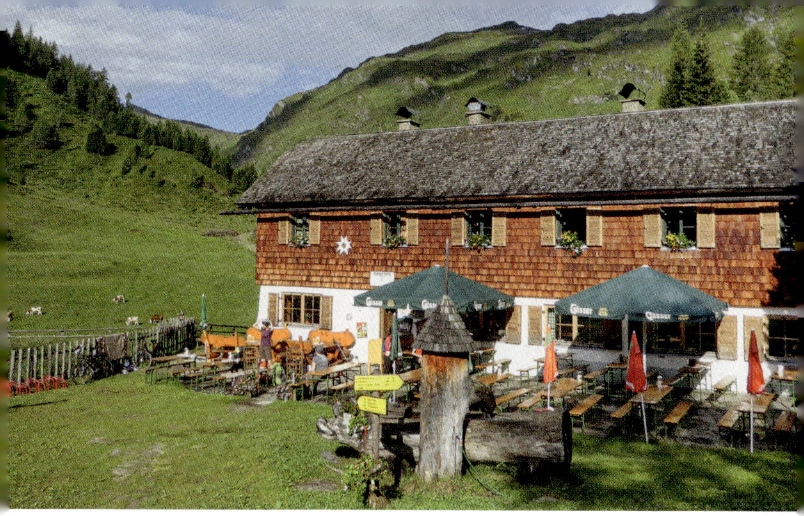

Die Sticklerhütte am Weg zum Murursprung (Tour 50).

Gefahren

Bis auf wenige Ausnahmen (auf die besonders hingewiesen wird) sind alle blau gekennzeichneten Touren gefahrlos zu begehen. Wetterbedingt kann sich die Situation allerdings rasch ändern. Besonders Schnee und Regen machen Wiesenhänge extrem rutschig und verlangen besondere Vorsicht. Auch Nebel kann auf den oft weiten Almböden wegen der auftretenden Orientierungsschwierigkeiten zur ernsten Gefahr werden. Bei aufziehenden Gewittern heißt es auf alle Fälle: Grate und Gipfel möglichst rasch verlassen, Bäche, Seen und frei stehende Bäume meiden und am besten schnell eine

GPS-TRACKS UND KOORDINATEN DER AUSGANGSPUNKTE

Auf **gps.rother.de** stehen zu diesem Wanderführer GPS-Tracks und die Koordinaten der Ausgangspunkte zum kostenlosen Download bereit. Dieser QR-Code führt direkt zum Download. 5. Auflage, Passwort: 434105**ewb**
Die GPS-Tracks können in die **Rother App** importiert werden. In der App kann man unterwegs stets sehen, wo man gerade ist und wo es langgeht. **Anleitungen dazu: rother.de/gps**
Trotz sorgfältiger Prüfung können wir Fehler und zwischenzeitliche Veränderungen nicht ausschließen. Verlassen Sie sich für die Orientierung niemals einzig und allein auf die GPS-Daten, sondern beurteilen Sie die Verhältnisse vor Ort.

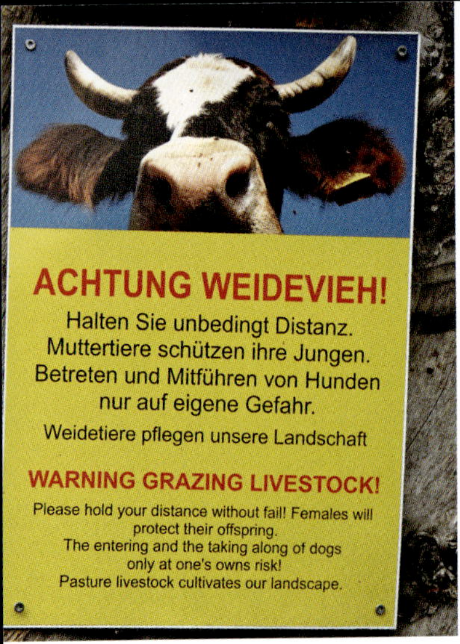

Diese Hinweise sollte man ernst nehmen!

Hütte aufsuchen. Sollte dies nicht möglich sein, Hockstellung einnehmen – Knie anziehen und Füße dicht beisammenhalten.
Eine nicht zu unterschätzende Gefahr, auf die mit entsprechenden Warntafeln hingewiesen wird, sind die weidenden Tiere. Am besten immer Abstand halten.
Wetterberichte sowie Bergwetter sind online auf zamg.ac.at abrufbar bzw. innerhalb von Österreich von 8 bis 16 Uhr unter den gebührenpflichtigen Nummern (3,64 Euro/Min.) Tel. +43 900 566 566 5 (Salzburg) und Tel. +43 900 566 566 8 (Steiermark).
Und schließlich noch wichtige Telefonnummern, die hoffentlich nie benötigt werden: Europäische Notrufnummer: 112, Bergrettungs-Notrufnummer: 140, Rettung: 144, Polizei: 133.

TOP-TOUREN

Riedingtal-Höhenweg
Eindrucksvolle Rundwanderung im Nationalpark Hohe Tauern mit prachtvoller Aussicht *(Tour 2, 6.30 h).*

Hirschwandsteig
Spektakulärer Wasserfall, der an seiner Rückseite auch zu umgehen ist *(Tour 4, 4.20 h).*

Zinkwand
Ein interessanter Lehrpfad führt in längst stillgelegte Bergwerksstollen *(Tour 8, 7.15 h).*

Hochgolling
Anstrengender Aufstieg zum Gipfel des höchsten Berges der Niederen Tauern *(Tour 15, 8 h).*

Greifenberg
Viel rauschendes Wasser, zwei Seen und ein lohnender Gipfel *(Tour 17, 8.30 h).*

Preber
Anstrengende Rundtour auf den Hausberg des Lungau, und am Ende lockt ein erfrischendes Bad *(Tour 25, 7.30 h).*

Gstoder
Schöner Aussichtsberg, und auf dem Rückweg geht es in eine gemütliche Alm *(Tour 32, 4.30 h).*

Großer Königstuhl
Wanderung im ehemaligen Reich der Bergknappen *(Tour 37, 6 h).*

Murursprung
Über herrliche Almwiesen zur Quelle der Mur – ein Erlebnis für die ganze Familie *(Tour 50, 5.45 h).*

Gehzeiten

Die angegebenen Gehzeiten beinhalten keine Pausen und Fotostopps. Die Faustregel lautet: 300 Höhenmeter im Aufstieg, 500 Höhenmeter im Abstieg und 4 km im ebenen Gelände pro Stunde Wanderzeit. Sind Kinder mit dabei, sollte genügend Zeit zum Ausruhen und Spielen eingeplant werden.

Ausrüstung

Vorausgeschickt sei hier noch einmal, dass man sich bei fast allen Touren über 1500 m Höhe bewegt und daher zum üblichen Regenschutz immer auch warme, winddichte Bekleidung, Wollmütze und Handschuhe in den Rucksack müssen, dazu eine kleine Reiseapotheke und Sonnenschutz. Wasserdichte Bergschuhe mit einer griffigen Sohle sind ein unbedingtes Muss, geht es doch immer wieder einmal über steile Grashänge, die besonders bei feuchtem Wetter unangenehm rutschig werden. Im Frühsommer, zur Zeit der Schneeschmelze, ist zudem mit vielen kleinen Bächen und nassen Wiesen zu rechnen. Hilfreich sind stabile Wanderstöcke, die die Gelenke besonders bergab wesentlich entlasten.

Bei vielen Touren führt der Weg an bewirtschafteten Almen und Schutzhütten vorbei, die mit köstlichen Schmankerln aufwarten. Trotzdem sollte immer ausreichend Proviant im Gepäck sein. Zahlreiche Brunnen und Quellen entlang des Weges spenden bei fast allen Touren kühles Trinkwasser. Auf einen eigenen Vorrat an Getränken kann trotzdem keinesfalls verzichtet werden.

Karten

Die Tourenkarten mit Routenverlauf und Wegpunkten sind wesentlicher Bestandteil dieses Wanderführers. Zusätzlich werden folgende Karten empfohlen:

Offline

- Freytag & Berndt WK 201 Schladminger Tauern, 1:50.000 (Touren 4–18, 20, 26, 43)
- Freytag & Berndt WK 202 Radstädter Tauern mit Lungau, 1:50.000 (Touren 1–25, 33–50)
- Freytag & Berndt WK 211 Naturpark Zirbitzkogel-Grebenzen mit Murau, 1:50.000 (Touren 26–32)
- Alpenvereinskarte 45/2 Niedere Tauern II, 1:50.000
- Alpenvereinskarte 45/3 Niedere Tauern III, 1:50.000
- BEV topographische Karte ÖK50 mit den Blattnummern 3106, 3223, 3224, 3229, 3230 und 4219, 1:50.000
- BEV ÖK25V gleiche Blattnummern und zusätzlich in Ost- und West-Blatt geteilt, 1:25.000

Teils liegen in örtlichen Tourismusbüros regionale Wanderkarten und -führer kostenlos oder für wenig Geld bereit.

Der Umwelt zuliebe ...

Auch beim Wandern hinterlassen wir einen ökologischen Fußabdruck, aber im Einklang mit der Natur unterwegs zu sein, ist gar nicht so schwer!

VORBEREITUNG UND ANFAHRT

- Sich vorab informieren, worauf in Bezug auf Natur und Umwelt in der jeweiligen Wanderregion besonders zu achten ist.
- Soweit möglich mit Bahn und Bus anreisen, Wander- und Rufbusse nutzen.
- Ist eine Anfahrt mit dem Auto nötig, Fahrgemeinschaften bilden.
- Bei weiten Anfahrten Mehrtagestouren planen oder von einem Quartier vor Ort aus mehrere Touren absolvieren.
- Flugreisen möglichst reduzieren und durch Beiträge zu Klimaschutzprojekten kompensieren.

KLEIDUNG UND AUSRÜSTUNG

- Beim Kauf von Outdoor-Kleidung auf umweltfreundliche und faire Herstellung achten und Kleidungsstücke möglichst viele Jahre nutzen.
- Ausrüstung kann man eventuell auch gebraucht kaufen oder ausleihen.
- Reparieren statt neu kaufen.

VERPFLEGUNG

- Beim Einkauf Bio-Ware, regionale und saisonale Erzeugnisse bevorzugen.
- Hütten und Gasthäuser auswählen, die regionale Produkte verwenden.
- Auf Einwegflaschen und Plastikverpackungen verzichten, stattdessen wiederverwendbare Trinkflaschen und Brotzeitboxen benutzen.

ÜBERNACHTUNG

- Bei lokalen Anbietern buchen, damit Menschen vor Ort profitieren.
- Auf Hütten und in anderen Unterkünften Strom und Wasser sparen.

UNTERWEGS

- Wege benutzen und Abkürzer vermeiden.
- Sperrungen von Wegen und Schutzgebieten respektieren.
- Keine Blumen pflücken und keine Pflanzen entnehmen.
- Waldbrandgefahr beachten.
- Müll wieder mit nach Hause nehmen und dort entsorgen.
- Toilettengänge in freier Natur möglichst vermeiden.
- Lärm vermeiden.
- Hunde an die Leine nehmen.

ROTHER
BERGVERLAG

Online

- Austrian Map mobile für Apple und Android (amtliche Österreichische Karte des Bundesamts für Eich- und Vermessungswesen im Maßstab 1:50.000)
- OpenTopoMap (Open Source Karte mit Höhenlinien): opentopomap.org
- Waymarked Trails (markierte Wege auf Basis der OpenStreetMap): hiking.waymarkedtrails.org

Einkehr und Nächtigung

Unter dem Stichwort »Einkehr« sind die unterwegs an einer Wanderroute gelegenen Einkehrmöglichkeiten aufgelistet. Gasthäuser sind meist ganzjährig, Schutzhütten oft nur während der schneefreien Wandersaison und Almhütten zur Zeit der Almbewirtschaftung geöffnet; daher sind die Öffnungszeiten (bei nicht ganzjähriger Bewirtschaftung) immer angegeben. Ist eine Nächtigung auf Alm- und Schutzhütten möglich, ist dies ebenso vermerkt. Öffnungszeiten können sich von Jahr zu Jahr aber auch ändern. Eine gute Auflistung von Einkehr- und Nächtigungsmöglichkeiten mit weiterführenden Informationen ist zu finden auf: gehlebt.at/lungau.

Beste Wanderzeit

Im Lungau wird man sehr rasch erkennen, dass der Frühling um einiges später als im tieferen Flachland Einzug hält. Spaziergänge in Talnähe sind daher etwa ab Mai empfehlenswert, wer höher hinauswill, muss sich mindestens bis Mitte Juni gedulden. Dann öffnen auch die meisten Schutzhütten und das Vieh wird auf die Almen getrieben. Ab 2000 m ist aber auch zu dieser Zeit noch mit größeren Schneefeldern zu rechnen.
Ende September geht die Wanderzeit langsam zu Ende. Besonders reizvoll sind im Oktober die Tage nach den ersten Frösten, wenn sich die unzähligen Lärchen verfärben und die Landschaft in kräftigem Orangerot er-

SYMBOLE

Symbole im Tourenkopf

- Mit Bahn/Bus erreichbar
- Einkehrmöglichkeit
- für Kinder geeignet

Symbole im Höhenprofil

- Ort mit Einkehrmöglichkeit
- Einkehrmöglichkeit
- Schutzhaus, Unterstand
- Parkplatz
- Bushaltestelle
- Gipfel
- Kirche, Kapelle, Marterl/Bildstock
- Aussichtsplatz
- Wasserfall
- Joch, Passübergang
- Höhle
- archäologische Stätte
- Abzweigung

strahlt. Die Alm- und Schutzhütten sind dann allerdings schon durchwegs geschlossen. Im Winter sind viele Wege für Fußgänger geräumt. Wanderungen bei klirrender, aber trockener Kälte, Sonnenschein und klarer Sicht haben einen ganz speziellen Reiz und werden bei entsprechend warmer Kleidung zum unvergesslichen Erlebnis.

Wandern mit Kindern

Forststraßen sind zwar recht bequem, aber wenig abwechslungsreich. Besonders Kinder verlieren da schnell die Lust, die Wanderung erscheint ihnen bald langweilig. Abwechslung bringen viele kleine Seen, Tümpel und Bäche entlang der Wege, die Kindern jeden Alters ein reiches Betätigungsfeld und fast unbegrenzte Möglichkeiten bieten, ihrem Bewegungsdrang freien Lauf zu lassen. Die meisten Touren führen über Wald- und Wiesenwege oder über alpine, gut gesicherte Steige, die auch von Kindern problemlos begangen werden können. Voraussetzung ist allerdings, dass sie über einige Ausdauer und Kondition verfügen. Oftmals endet der Aufstieg für den Nachwuchs schon bei einer gemütlichen Alm oder an einem See, der Weitermarsch auf den Gipfel übersteigt möglicherweise doch die Kraft und das Können von Kindern. Hier ist eine Entscheidung der begleitenden Erwachsenen gefragt. Entsprechende Hinweise finden sich bei den jeweiligen Touren.

Auskunft

Auskünfte über alle touristischen Belange erhalten Sie bei folgenden Tourismusverbänden sowie bei den Tourismusbüros in fast allen Orten des Lungaus und der angrenzenden Steiermark:

- Ferienregion Lungau: A-5582 St. Michael, Rotkreuzgasse 100, Tel. +43 6477 8988, info@lungau.at, lungau.at
- Erlebnisregion Murau: A-8850 Murau, Liechtensteinstr. 3–5, Tel. +43 3532 2720, info@regionmurau.at, regionmurau.at

Anreise

Seit dem Bau der Tauernautobahn A 10 ist der Lungau das ganze Jahr über problemlos erreichbar: von Norden durch den Tauern-, von Süden durch den Katschbergtunnel. Ausgangspunkt ist jeweils St. Michael im Lungau. Während der Sommermonate empfiehlt sich die Fahrt über den landschaftlich schönen Radstädter Tauernpass oder den Katschberg. Aus dem Osten erfolgt die Anreise über Bruck/Mur und Murau nach Tamsweg. Die Anreise mit dem Zug ist etwas umständlich: von Westen bis nach Salzburg oder Bischofshofen, weiter mit dem Bus in den Lungau; von Osten bis nach Unzmarkt in der Steiermark und mit der Murtalbahn oder dem Bus nach Tamsweg.

Mehrtägige Wanderungen und Lehrpfade

Die in diesem Führer vorgestellten Touren sind durchwegs an einem Tag zu bewältigen. Darüber hinaus gibt es drei Weitwanderwege, die den Lungau bzw. dessen Grenzgebiet zur Steiermark einbeziehen. Der Lungauer Kulturwanderweg bleibt hingegen innerhalb der Grenzen der engeren Heimat.

- Der **Tauern-Höhenweg 02** (in Salzburg Nr. 502, in der Steiermark Nr. 702) pendelt in den Schladminger und Radstädter Tauern zwischen beiden Bundesländern und ist ein Abschnitt des quer durch Österreich verlaufenden Zentralalpenwegs 02. Der Name »Höhenweg« ist irreführend, denn es handelt sich dabei keinesfalls um leichtes Gehgelände, sondern setzt oftmals alpine Erfahrung, Trittsicherheit und Ausdauer voraus. Der genaue Wegverlauf ist in dem im Rother Bergverlag erschienenen Führer »Tauern-Höhenweg« von Hans Führer exakt beschrieben.
- Der **Arnoweg** – sein Name leitet sich vom Salzburger Erzbischof Arno ab – führt als gut beschilderter 1200 km langer Rundwanderweg durch das gesamte Bundesland und berührt auch den Lungau an mehreren Ecken. Eine genaue Beschreibung bietet der ebenfalls im Rother Bergverlag erschienene Arnoweg-Führer von Clemens Hutter.
- Der **Lungauer Kulturwanderweg** ist einer der leichter zu gehenden Wege, hat aber an Bedeutung verloren – weiterführende Berichte sind daher rar. Der Weg informiert auf vielen Schautafeln über kulturhistorische Kostbarkeiten, bauliche Kleinode, aber auch über das in früherer Zeit oft entbehrungsreiche Leben der Bevölkerung in dieser kargen Landschaft.
- Die beiden **Leonhardswege** beginnen beim Dom zu Salzburg und beim Dom in Gurk in Kärnten und enden jeweils bei der Wallfahrtskirche St. Leonhard in Tamsweg. Beide sind anspruchsvolle Pilger-Wanderwege mit 136 km Länge ab Salzburg (5–6 Tage) und 85 km ab Gurk (3–4 Tage).
- Erst einige Jahre alt ist die Südroute des Weges **Vom Gletscher zum Wein**, der vom Dachstein in die Südsteiermark führt. Rund um den Hochgolling (Tour 15) verläuft er weggleich zum Tauern-Höhenweg, biegt danach Richtung Krakaudorf und Murau ab. Auch dieser Weg ist im gleichnamigen Rother Wanderführer beschrieben.
- **Der Weg des Buches** ist ein evangelischer Pilgerweg, der der Bibelschmugglerroute von Niederbayern nach Kärnten folgt. Nach den Klafferkesseln erreicht er den Lungau, führt durch das Lessachtal nach Tamsweg und verlässt beim Königstuhl (Tour 37) das Salzburger Land.

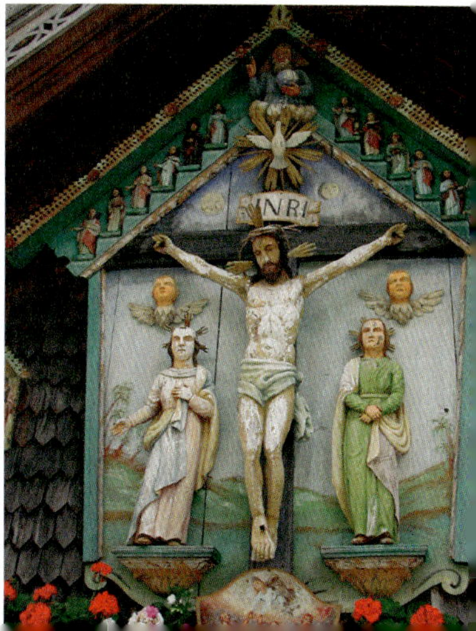

Ein schönes Beispiel für die tief verwurzelte Volksfrömmigkeit auf einem Troadkasten bei Tamsweg (Tour 34).

Dazu kommen noch Natur- und Lehrpfade wie etwa die Waldlehrpfade in St. Michael, Unternberg und Zederhaus, die über die heimische Tier- und Pflanzenwelt, die Holzverarbeitung, aber auch über angewandten Natur- und Artenschutz informieren. Der naturkundliche Lehrweg »Rotgüldensee« vom Arsenhaus zum gleichnamigen See verkürzt mit informativen Schautafeln die etwa einstündige Wanderung über rund 400 Höhenmeter. Rund um den Prebersee führt ein Moorlehrpfad, der auch mit Kinderwägen und Rollstühlen befahrbar ist. Am Göriacher Bienenlehrpfad erfährt der interessierte Nicht-Imker alles über die fleißigen Honigproduzenten, in Zederhaus klappern entlang des nett gestalteten Mühlen- und Kulturweges noch mehrere teilweise funktionstüchtige Mühlen am rauschenden Bach, der »Sonnenlehrpfad« in Mariapfarr weiß Spannendes und Interessantes zur Sonne zu berichten und der Pilzlehrpfad in Weißpriach informiert über Wald- und Wiesenpilze. In St. Michael spürt ein Weg der Vogelwelt nach, der »Saumoosweg« führt durch das Hochmoor, beim »Wanderweg der Sinne« werden diese menschlichen Fähigkeiten angeregt und in St. Margarethen lässt der »Wasserweg Leisnitz« entlang eines Baches die Kraft des Wassers erspüren.
Die drei Ramingsteiner Erzwege beiderseits der Mur und der »Knappenweg« im Thomataler Schönfeld geben Einblick in die mühevolle Arbeit der Bergknappen in einer längst vergangenen Zeit. Im Naturpark Riedingtal erzählt der »Almenweg« Wissenswertes vom Leben auf den Almen einst und jetzt. Die beiden Themenwege »Schlierersee« und »Kraft der stillen Wasser« informieren zudem auf mehreren Schautafeln über die Naturschönheiten dieses Hochtals und in Tamsweg erinnert der schaurige »Richtstättenweg« an ein trauriges Kapitel einstiger Gerichtsbarkeit. Zu dieser kurzen Auswahl kommen immer wieder neue, interessante Wege, über die die Tourismusbüros gerne Auskunft geben.

Almidylle am Mitterberg (Tour 35).

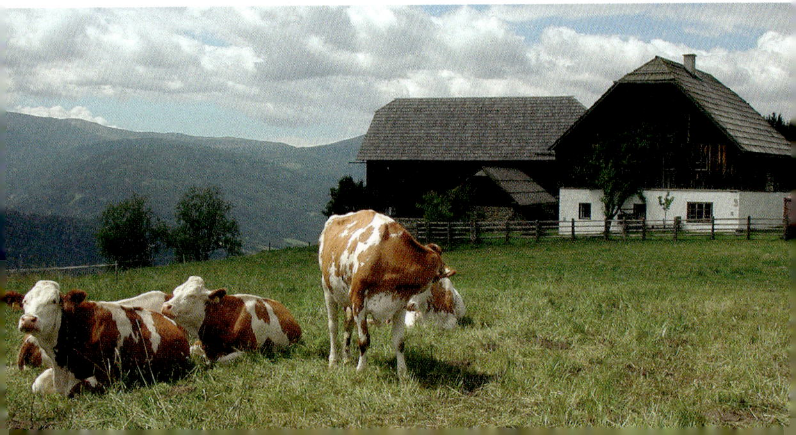

Verkehrsmittel

Der Lungau verfügt neben den öffentlichen Linienbussen über ein Verkehrsmittel, das seinesgleichen sucht: den **Tälerbus**. Er erschließt mehrere verkehrsberuhigte Wanderzonen im gesamten Lungau sowie in der angrenzenden Steiermark und in Kärnten. Für folgende Gebiete sind in den Sommermonaten eigene Tälerbusse eingerichtet: Riedingtal, Görich/Weißpriach, Lessach, Prebersee, Schönfeld/Katschberg und Sticklerhütte. Tageswanderungen, vor allem aber auch Überquerungen, sind damit oftmals leichter durchzuführen. Der Tälerbus befährt auch Strecken, die für den Individualverkehr gesperrt sind. Die Anmarschzeit verkürzt sich dadurch oft wesentlich. Zusteigen ist auch auf freier Strecke möglich. Ein deutliches Handzeichen genügt und der Bus hält. Durch den Tälerbus werden die sensiblen Alpentäler vom übermäßigen Pkw-Verkehr entlastet – ein nicht unwesentlicher Aspekt zur Erhaltung eines hohen Erholungswertes der Region. Auf alle Fälle aber sollte man stets spätestens am Vortag der Wanderung die Abfahrtszeiten und Abfahrtsorte für die Hin- und Rückreise bei einem der Tourismusbüros erfragen. Die Abfahrtszeiten für alle öffentlichen Busse und Tälerbusse sind den handlichen Fahrplanheften zu entnehmen, die in allen Tourismusbüros aufliegen. Auskunft auch unter Tel. +43 662 632 900 und unter taelerbus.at sowie salzburg-verkehr.at. Tälerbusfahrten in die Steirische Krakau nur mit Voranmeldung unter Tel. +43 664 2377 956. Beachten Sie auch, dass bei Fahrten mit dem eigenen Auto in das Lessachtal, Weißpriachtal sowie in den Naturpark Riedingtal, das Lantschfeld bei Tweng und in die Nationalparkgemeinde Muhr eine Mautgebühr zu entrichten ist (Münzen bereithalten).

Die **Murtalbahn**, eine Schmalspurbahn, verkehrt zwischen Tamsweg und Unzmarkt in der Steiermark. Besonders bei Kindern – und Eisenbahnfreunden – ist die Fahrt mit dem Dampfbummelzug sehr beliebt. Während der Sommerferien zieht jeden Dienstag und Donnerstag eine auf Hochglanz gebrachte Dampflokomotive rauchend, schnaubend und in sehr gemächlichem Tempo den Nostalgiezug von Tamsweg nach Murau und zurück (Info: steiermarkbahn.at).

Eine Fahrt von Tamsweg bis Ramingstein und auf dem neuen Radweg zu Fuß zurück ergibt eine nette Halbtagstour.

Zwischen Mauterndorf und St. Andrä verkehrt in den Sommermonaten am wieder instand gesetzten Gleiskörper der Murtalbahn die nostalgische Taurachbahn, die die ca. 10 km lange Strecke in etwa 40 Min. zurücklegt. Nähere Auskünfte über die Fahrzeiten erteilen die Fremdenverkehrsämter. Der Abschnitt von Tamsweg nach St. Andrä wird nicht befahren.

Eine wesentliche Marscherleichterung bieten die Seilbahnen mit Sommerbetrieb: auf das Aineck (St. Margarethen, katschi.at), die beiden 8er-Kabinenseilbahnen auf das Großeck (Mauterndorf) und die Sonnenbahn in St. Martin bei St. Michael (beide grosseck-speiereck.at) sowie die 10er-Kabinenseilbahn Grünwaldkopf und die 6er-Sesselbahn Hochalm (beide ski-obertauern.at).

FREIZEITAKTIVITÄTEN

Neben Wandern kann im Lungau auch fast jede andere Sportart ausgeübt werden. Die Tourismusbüros geben gerne Auskunft über sportliche Möglichkeiten von Angeln bis Segelfliegen sowie auch über jede andere Art von Freizeitaktivität.

Baden
Das Baden in den zahlreichen Seen wird wohl nur sehr abgehärtete Sportler reizen. Dafür stehen in vielen Orten Frei- und Hallenbäder zur Verfügung.

Golf
Der Golfplatz im weiten sonnigen Talbecken zwischen St. Margarethen und St. Michael zählt zu den schönsten Anlagen im ganzen Salzburger Land.

Radfahren
Die abwechslungsreiche Landschaft bietet Radfahrern hervorragende Bedingungen für alle Ansprüche. Höhepunkt dabei ist der 340 km lange »Murradweg« von Muhr nach Bad Radkersburg in der Steiermark. Der Lungau ist zudem die höchste E-Bike-Region Österreichs. Mountainbikern stehen 18 bestens markierte Routen mit insgesamt über 500 km Streckenlänge und die exklusive Tour »Lungau extrem« mit 167 km Länge und 7200 Hm zur Verfügung.

Bei schlechtem Wetter
Sollte einmal das Wetter gar nicht mitspielen, so gibt es zahlreiche lohnende Ziele für Besichtigungen: das Schloss Moosham, die Burg Finstergrün mit Waldseilklettergarten in Ramingstein, das Lungauer Heimatmuseum in Tamsweg, den Denkmalhof Maurergut in Zederhaus, die Schmelzofenanlage Bundschuh bei St. Margarethen oder das Kavernenkraftwerk Hintermuhr. Ein Besuch des Silberbergwerkes Ramingstein gibt Einblick in die Mühsal einstiger Knappenarbeit (nicht geeignet für Kleinkinder und gehbehinderte Personen). Die Burg Mauterndorf lädt besonders Familien zu einer Zeitreise ins Mittelalter ein und im Pochwerk in Kendlbruck bei Ramingstein können sich Kinder als Bergknappen betätigen.

Familie
Familienurlaub wird im Lungau schon lange großgeschrieben. So gestalten viele Gemeinden abwechslungsreiche Erlebnisprogramme, an denen sowohl die lieben Kleinen als auch die Muttis und Vatis ihre Freude haben werden. Auskünfte dazu geben auch die jeweiligen Tourismusbüros.

Kultur
Das umfangreiche Kulturangebot reicht von Konzerten bekannter Künstler in der St. Leonhardskirche in Tamsweg über Theateraufführungen der Theatergruppe MOKRIT, den Hans-Wurst-Spielen bis zu Abendveranstaltungen mit echter Volksmusik am Tamsweger Marktplatz.

LungauCard
Die kostenlose LungauCard berechtigt zum freien oder ermäßigten Eintritt in viele Ausflugsziele, Naturschauspiele, Sehenswürdigkeiten, Museen, Schwimmbäder und Bergbahnen im ganzen Lungau. Einzige Bedingung ist, dass Sie in einem der Partnerbetriebe für die gesamte Dauer Ihres Aufenthaltes übernachten. Nähere Informationen finden Sie auch online auf der Internetseite card.lungau.at.

ZUR REGION LUNGAU

Wetter und Klima

»Sibirien Österreichs« ist das Einzige, was den meisten Leuten einfällt, wenn es um den Lungau geht. Und auch in vielen historischen Schriften über diese Region wird ausführlich über die fürchterliche und lange andauernde Kälte berichtet. Tatsache ist, dass fast der gesamte Lungau über der Tausend-Meter-Marke liegt, das Klima allein schon aus diesem Grund entsprechend rau ist und Schneefälle auch im Sommer keine Seltenheit sind. Zum anderen handelt es sich um eine ausgeprägte Beckenlandschaft, an deren tiefsten Stellen oft eisige »Kälteseen« entstehen, die sich erst gegen Mittag auflösen, wenn die Sonne ihre wärmende Kraft langsam entfaltet. Dieses Phänomen der Temperaturumkehr drückt eine alte Lungauer Volksweisheit recht treffend in dem Satz »Gehst aufi um oan Stock, wird's gleich wärmer um oan Rock« aus. Wenige Meter höher wird es oft schon spürbar wärmer.

Dem steht gegenüber, dass etwa Mariapfarr einer der sonnenreichsten Orte Österreichs ist und die Niederschlagsmengen jenen an der Riviera entsprechen. Eine besondere Wohltat sind die kühlen Nächte, die einen gesunden und erholsamen Schlaf gewähren.

Blick von der Schmalzscharte auf den Unteren Schwarzsee (Tour 50).

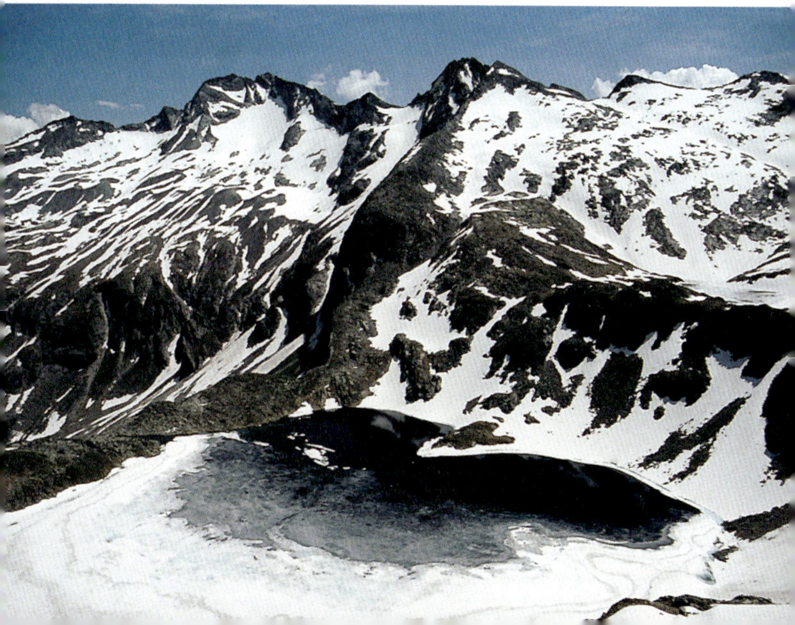

Während das Temperaturminimum im Januar (bei einer Durchschnittstemperatur von –3,4 °C) bei –28,3 °C liegt, klettert das Thermometer im Sommer auf Badetemperaturen zwischen 20 und 22 °C mit maximalen Ausreißern jenseits der 30 °C-Marke.
Der besondere Reiz dieser Klimasituation liegt auch darin, dass sich in der um einiges verkürzten Vegetationszeit die Blumenpracht im Frühjahr fast explosionsartig entwickelt und im Herbst die Verfärbung der unzähligen Lärchen nach den ersten Oktoberfrösten zu einem grandiosen Farbenspiel wird (siehe auch auf Seite 13, unter »Beste Wanderzeit«).
Die über 60 Seen der Region liegen bis auf wenige Ausnahmen über 1500 m und eignen sich wohl immer nur für die erfrischende und wohlverdiente Abkühlung nach einer anstrengenden Bergtour. Eine rühmliche Ausnahme bildet der moorig-dunkle Prebersee, der im Hochsommer annehmbare Badetemperaturen aufweist.

Naturschutzgebiete

Das obere Murtal ist Teil des Nationalparks Hohe Tauern, der einen Großteil der gleichnamigen Hochgebirgsregion umfasst. Hier gelten besondere Regeln für den Naturschutz und Wanderer sollten sich daher bewusst sein, dass fast alle in diesem Führer vorgestellten Touren über tausend Höhenmeter liegen und sie sich deshalb in einer sensiblen, teils gesetzlich geschützten Umgebung bewegen, die jeweils durch grüne Tafeln angezeigt wird.
Landschaftsschutzgebiete mit einer besonders reizvollen Landschaft und seltenen Blumen sind der Prebersee, der Naturpark Riedingtal, das Twenger Lantschfeld, das Bundschuhtal – Lungauer Nockberge sowie das Gebiet 200 m beiderseits der Katschberg-Bundesstraße von Obertauern nach Tweng und von Stranach bis zur Katschberghöhe. Der Seetaler See ist zudem ein Europaschutzgebiet.
Zusätzlich ist von Obertauern bis etwa 2 km vor Tweng ein Streifen von 1000 m beiderseits der Straße als Pflanzenschutzgebiet ausgewiesen, in dem Latsche, Zirbe und Almrausch (Alpenrose) ganzjährig geschützt sind. Dazu kommt noch eine Reihe von besonders gekennzeichneten geschützten kleinräumigen Landschaftsteilen wie etwa Wasserläufe,

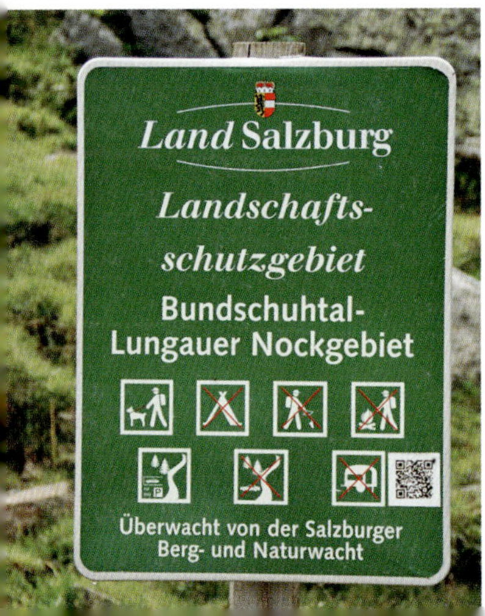

Bitte die Hinweise zum Landschaftsschutz unbedingt beachten.

Uferstreifen, Baumgruppen oder Parks und Naturschutzgebiete, in denen jegliche Eingriffe untersagt sind.
Einzelne Bäume, kleinflächige Seen und Moore, Schluchten, Gletscherspuren und Ähnliches können zu Naturdenkmälern erklärt werden, die nicht verändert werden dürfen. Beispiele dafür sind etwa die Gletschermühlen bei Mauterndorf, die Schneefichte auf der Schlickenalm in Weißpriach und die Zirben beim Wengergut an der Preberstraße.

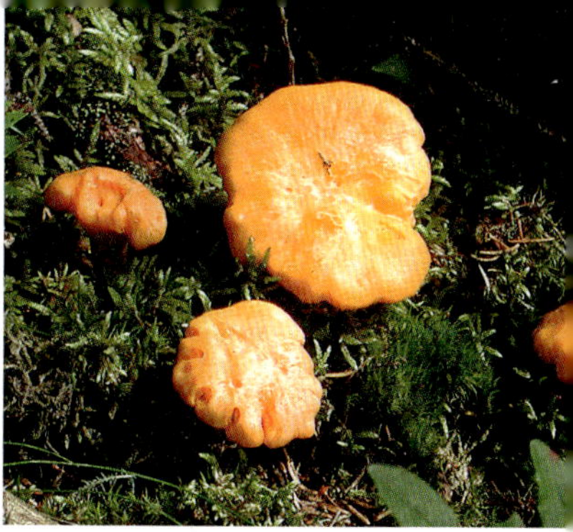

Eierschwammerl (Pfifferlinge).

UNESCO-Biosphärenpark

An den meisten Ortseinfahrten des Lungaus steht zusammen mit der Ortstafel der Zusatz »UNESCO Biosphärenpark Gemeinde«. Damit wird zum Ausdruck gebracht, dass der Lungau zusammen mit den angrenzenden Kärntner Nockbergen »eine international repräsentative Region bildet, in der nachhaltige Entwicklung gelebt und die Bewahrung biologischer Vielfalt und regionaler kultureller Werte mit sozialer und wirtschaftlicher Entwicklung in modellhafter Weise vereinbart wird«, wie es im Konzept der UNESCO-Biosphärenparks heißt. In Österreich gibt es derzeit insgesamt vier Biosphärenparks, weltweit über 720 in mehr als 131 Ländern.

Pflanzen und Tiere

Das stark kontinental geprägte Klima und der große Höhenunterschied von gut 2000 m, zusammen mit dem geologisch unterschiedlichen Bodenaufbau, ergeben im Lungau eine überaus abwechslungsreiche Pflanzendecke.
Der häufigste Baum in den tieferen Lagen ist die Fichte, Buchen kommen praktisch nicht vor. Entlang der Bäche gedeihen Grauerle, Birke und Esche, die in den südlich ausgerichteten Hängen von der Hasel abgelöst werden. Weiter oben dominieren Lärchen und Zirben, auf felsigen kalkhaltigen Böden auch Latschen. Die Lärche ist überhaupt der Baum des Lungau und gibt ihm sein ganz besonderes Gepräge; im Frühling mit seinem zarten Grün, im Herbst in flammendem Orange, eine Farbsymphonie von bezauberndem Reiz.
Oberhalb der Baumgrenze dominiert die Alpenrose, der »Almrausch«, mit seinen leuchtend roten Blüten. Begleiter sind der Stängellose Enzian, die Alpenaster oder die Wohlriechende Händelwurz, um nur einige zu nennen. Flechtenreiche Gemsheideteppiche bedecken die windgefegten und oft auch lange schneebedeckten Grate. Hier ist auch der Echte Speik zu Hause, ein einstmals begehrtes Baldriangewächs. Ebenso sind das viel besungene

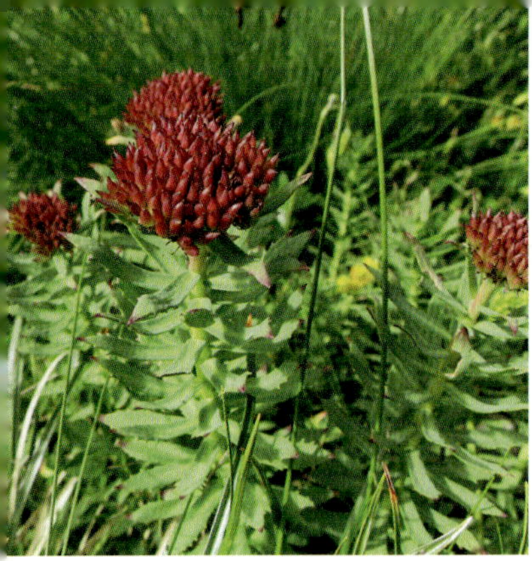

Der Wurzelextrakt der Rosenwurz soll die Konzentration steigern (Tour 3).

Edelweiß und das eher unscheinbare, aber stark duftende Kohlröserl in diesen Höhenlagen zu finden.
Die Wälder sind reich an Beeren und köstlichen Pilzen. Um gefährlichen Verwechslungen aus dem Weg zu gehen, sollten sie allerdings nur Kenner pflücken. Auch sind die Tafeln, die am Beginn mancher Wälder auf ein Ernteverbot hinweisen, genau zu beachten, um unliebsame Auseinandersetzungen mit Grundbesitzern zu vermeiden. Auf den dem Wald abgerungenen Ackerflächen werden vorwiegend Sommergerste und Erdäpfel (Kartoffeln), die weitum geschätzten »Lungauer Eachtling«, angebaut. Im immer noch landwirtschaftlich geprägten Lungau spielt allein schon aus klimatischen Gründen die Viehzucht eine dominierende Rolle. Pferde, Rinder und Schafe sind fast bei jeder Wanderung ständige Begleiter (s. S. 10).
Besonders erwähnenswert sind auch die biologisch überaus wertvollen Moore mit ihren blühenden Kostbarkeiten, die höchsten Schutz verdienen. Die Almen mit ihren ausgedehnten Wiesenmatten erstrecken sich bis in Höhen von 2500 m, was die Region zu einem ganz besonders liebenswerten Wandergebiet macht.
Nicht weniger als zwölf Schmetterlingsarten kommen im Bundesland Salzburg nur im Lungau vor. Feldlerche, Mehlschwalbe, Saatkrähe und Wachtel brüten in Höhen, in denen sie anderswo nicht beobachtet wurden. Eine besondere Rarität ist das Rotsternige Blaukehlchen am Obertauern. Sein nächstes Brutgebiet liegt 1000 km weiter nördlich.
Die Hochmoore verfügen über eine ganz spezielle Tierwelt, die bei Weitem nicht erforscht und noch für so manche Überraschung gut ist.
Mit etwas Glück kann man im moorig-schwarzen Prebersee etwa handgroße Krebse sehen und im Znachtal, einem Seitental des Weißpriachtals, Kreuzottern beim Sonnenbad auf einem warmen Stein beobachten oder einen Steinadler bewundern, wie er seine Kreise zieht.

Brauchtum und Kultur

Brauchtum wird im Lungau nicht für die Touristen gepflegt, sondern ist seit jeher fixer Bestandteil im Leben der Bevölkerung und wird von Jung und Alt liebevoll in Ehren gehalten. Es umfasst den gesamten Jahreskreis und hat oftmals in den einzelnen Tälern seine ganz individuelle Ausprägung.

Viele der Bräuche sind heidnischen Ursprungs und wurden von der Kirche oft mit Argwohn betrachtet oder gar verboten. Andere wiederum zeugen von einer tiefen Religiosität und erinnern an apokalyptische Katastrophen, die durch die Kraft der Gebete abgewendet oder zumindest gemildert werden sollten. Die mehr dem irdischen Leben zugewandten Bräuche sind manchmal recht rau, erfordern zum Teil gewaltige Kraft, brachten einstmals aber eine willkommene Abwechslung in das karge Leben der Menschen in dieser abgelegenen Region.

Am auffälligsten sind zweifellos die Samsonumzüge in mehreren Lungauer, aber auch in einigen angrenzenden Orten der Steiermark. Sie sind der letzte Rest der großen Umzüge im Hochbarock. Von einem bärenstarken Mann getragen, zieht die bis zu 90 kg schwere und 6 m hohe Riesenfigur meist in Begleitung zweier Zwerge durch den Markt und bringt unter den Klängen der Musikkapelle den Honoratioren ein kurzes Tänzchen dar. Der Ursprung des Brauches liegt weitgehend im Dunkeln, dürfte aber in Kulttänzen der europäischen Urvölker zu suchen sein. Früher tanzte der Samson nur zu den hohen Prangtagen, heute finden die Umzüge im Sommer an mehreren Festtagen statt.

Ein besonders schöner und farbenprächtiger Brauch sind die Prangstangen, die am 24. Juni (Johannes) in Zederhaus und am 29. Juni (Peter und Paul) in Muhr durch den Ort getragen werden. An die 50.000 Blumen werden von fleißigen Frauenhänden zu Girlanden geflochten und in kunstvollen Mustern auf acht bis zu zwölf Meter langen und gut 80 kg schweren Stangen befestigt. Nach dem Umzug bleiben sie dann bis zum »Hohen Frauentag« am 15. August in der Kirche. An diesem Tag werden die inzwischen ausgetrockneten Blumen abgenommen, als Weihekräuter aufbewahrt und im Winter zum Räuchern verwendet. Der Volksglaube besagt, dass der Brauch auf ein Gelübde nach einer überstandenen Heuschreckenplage im 17. Jahrhundert zurückgeht.

Wesentlich jünger ist das Wasserscheibenschießen am Prebersee und am Schattensee im steirischen Krakautal. Dabei wird nicht auf die Schießscheibe direkt gezielt, son-

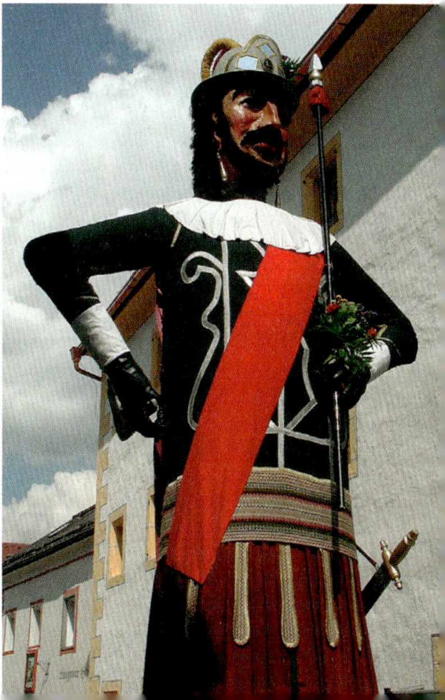

Der Tamsweger Samson.

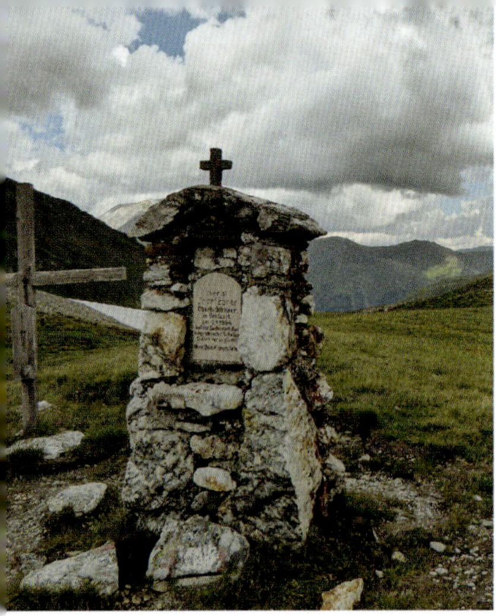

Kulturdenkmäler entstehen auch auf eigene Initiative im Gebirge (Tour 50).

dern auf ihr Spiegelbild im See. Von dort prallt das Geschoss ab und trifft bei entsprechendem Können und jahrelanger Übung ins Schwarze der Scheibe, die am Seeufer steht.
Auf eine lange Tradition kann dagegen der »Vereinigte« in Tamsweg zurückblicken. Bei der 1737 gegründeten Bruderschaft schlossen sich einstmals alle Handwerker zusammen, die keiner Zunft angehörten. Seither wird alle drei Jahre aus ihrer Mitte ein Kommissär gewählt, dessen privates und berufliches Leben während der Festoktave im Januar in einem großen Umzug dargestellt wird.
Einen besonderen Höhepunkt im Brauchtumsreigen bildet das Osterfest. Ab dem Gründonnerstag ziehen die Ratscherbuben durch die Straßen und ersetzen mit ihren lautstarken Holzratschen die verstummten Kirchenglocken. In der Osternacht leuchten dann Hunderte Feuer weit ins Land. Lodernde Holzstöße verkünden die Auferstehung des Herrn, drücken zugleich aber auch die Freude auf das Wiedererwachen der Natur aus.
Ein alter Brauch, der besonders die Dorfjugend anspricht, wird seit einigen Jahren in der Osterwoche in Wölting bei Tamsweg wieder gepflegt. Beim »Gonesrennen« versucht ein Bursche – der Gones (der Gockel) – von einem Pärchen das Mädchen zu erwischen. Gelingt es ihm, ist der Unterlegene der neue Gones.
Der Lungau ist auch mit bedeutenden Kulturgütern reich gesegnet. An erster Stelle ist zweifellos die spätgotische Wallfahrtskirche St. Leonhard in Tamsweg zu nennen (siehe Foto Seite 2). Im Spätmittelalter zählte die 1433 geweihte Kirche zu den wichtigsten Wallfahrtsorten auf dem heutigen Staatsgebiet von Österreich. Als besondere Kostbarkeiten seien nur das Goldfenster und das Fenster mit der Apostelmühle, beide an der Südseite rechts vom Altar, erwähnt. Sie stammen aus dem 15. Jh. und sind wegen ihrer künstlerischen Ausformung und der tiefen Symbolik wohl einzigartig im deutschen Sprachraum.
In der Pfarrkirche von Mariapfarr, der ehemaligen Mutterkirche des Lungau, wurden vor einigen Jahrzehnten spätromanische Fresken freigelegt, die in ihrer Farbenpracht überraschen. Joseph Mohr schrieb hier 1816 den Text zum weltberühmten Weihnachtslied »Stille Nacht, Heilige Nacht«.

Die erstmals 923 erwähnte elliptische Laurentiuskirche in Althofen, die etwas unterhalb der Anhöhe von Mariapfarr liegt, ist wahrscheinlich die älteste Kirche des Lungaus. Von hier ging die Christianisierung des Lungaus aus. Das kleine Kirchlein St. Rupert in Weißpriach zählt zu den ältesten Kirchen im Land Salzburg. Ihre größten Kostbarkeiten sind die herrlichen byzantinischen Fresken aus dem 11. und 12. Jh.
Einen Besuch ist auch der Friedhof von Lessach mit seinen schwarzen Truhengräbern – »Sarchen« genannt – und den kunstvoll gestalteten schmiedeeisernen Kreuzen wert. Der Sinn ist augenfällig: Im Tode sind alle Menschen gleich.
Besondere Beachtung verdienen auch die vielen »Troadkästen«, Getreidespeicher aus Holz oder massivem Mauerwerk. Sie stehen etwas abseits vom Bauernhof und dienten einst zur weitgehend feuersicheren Aufnahme von Saatgut, Räucherfleisch und anderen schutzbedürftigen Vorräten. Oftmals in traditionellen Farben und Mustern bemalt, sind sie heute liebevolle Blickpunkte in einem noch weitgehend landwirtschaftlich geprägten Umfeld.
Nicht zu übersehen sind die beiden trutzigen Burgen von Mauterndorf und Moosham, in denen jetzt heimatkundliche Sammlungen ausgestellt sind.
Eine ungewöhnliche Rarität ist in der kleinen Kortnerkapelle im steirischen Unteretrach/Krakauschatten zu sehen: der »Steirische Herrgott«, eine Statue des heiligen Isidor, in kurzer Lederhose und mit einem Rechen.
Erwähnenswert ist auch die Ulrichskirche am Eingang des Etrachtales. Sie ist die älteste Kirche des Krakautales und weist einen im Renaissance-Stil errichteten Flügelaltar, eine aus der Spätgotik stammende Holzdecke und spätgotische Maßwerkfenster auf (Schlüssel beim Bauernhaus neben der Kirche). Auch die mit Fresken reich verzierten Kirchen von Schöder und Ranten in der Steiermark sind einen Besuch wert.
Unübersehbare Zeugen alter Volkskunst sind die vielen Kapellen und Bildstöcke wie auch die fast nur im Lungau anzutreffenden Wetterkreuze mit den Leidenswerkzeugen Christi.

Kulinarischer Lungau

Der Lungau ist nicht nur für seine tiefen Temperaturen, sondern auch für seine regionale Küche bekannt. Die kulinarischen Köstlichkeiten sind allemal einen Versuch wert. Ganz oben stehen die Lungauer Eachtling (Erdäpfel/Kartoffel), die hier besonders gut gedeihen, weiters Hasnöhrl (Teigflecke in Fett herausgebacken) mit Sauerkraut, Schwarzbeerschmarrn (Heidelbeeren in Kaiserschmarrnteig), Almkäse (kalorienarm) und das Rahmkoch (Süßspeise ähnlich dem Marzipan, kalorienreich!). Starken Essern sei ein »Lungauer Bratlessen« empfohlen und Liebhabern von Schaffleisch wird beim »Schafaufbratln« im Herbst das Wasser im Mund zusammenlaufen – ein Gedicht aus köstlich gebeiztem Lammfleisch und jeder Menge Beilagen, das mit einem Gläschen hochprozentigem Schnaps abgeschlossen wird.

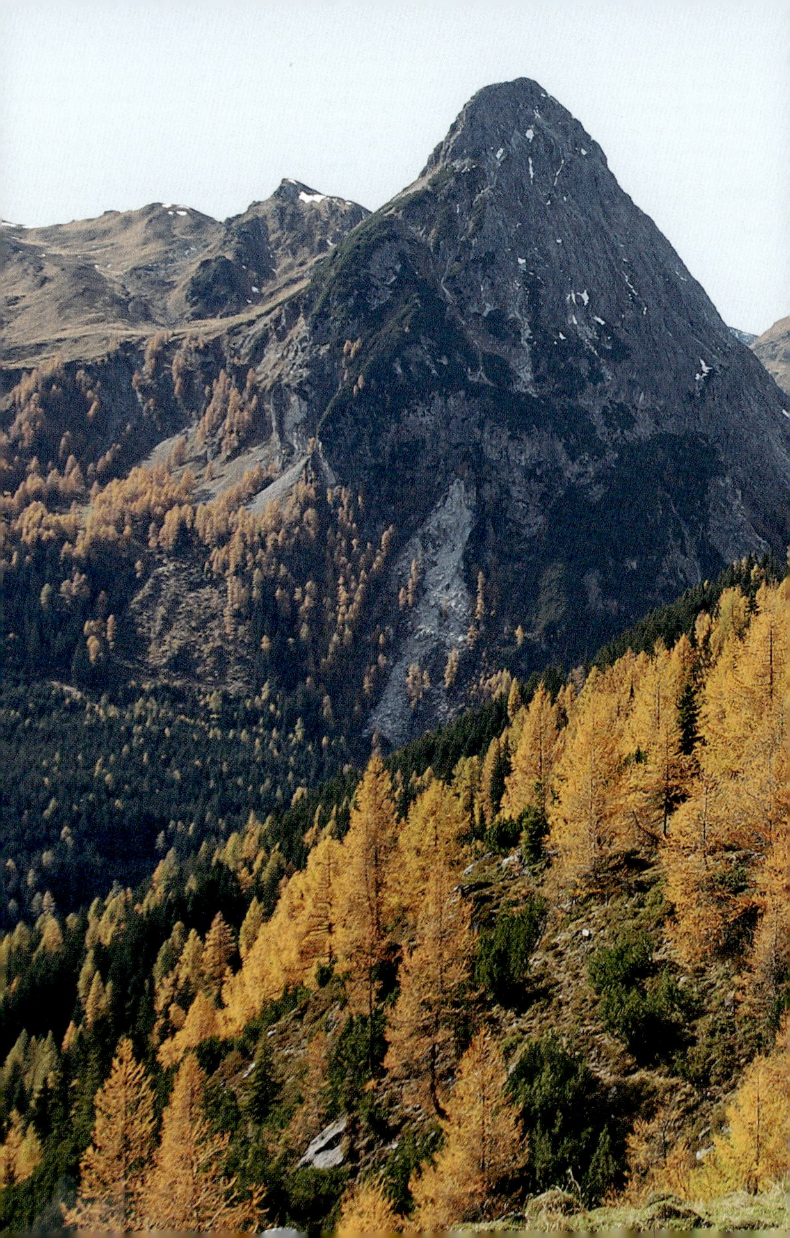

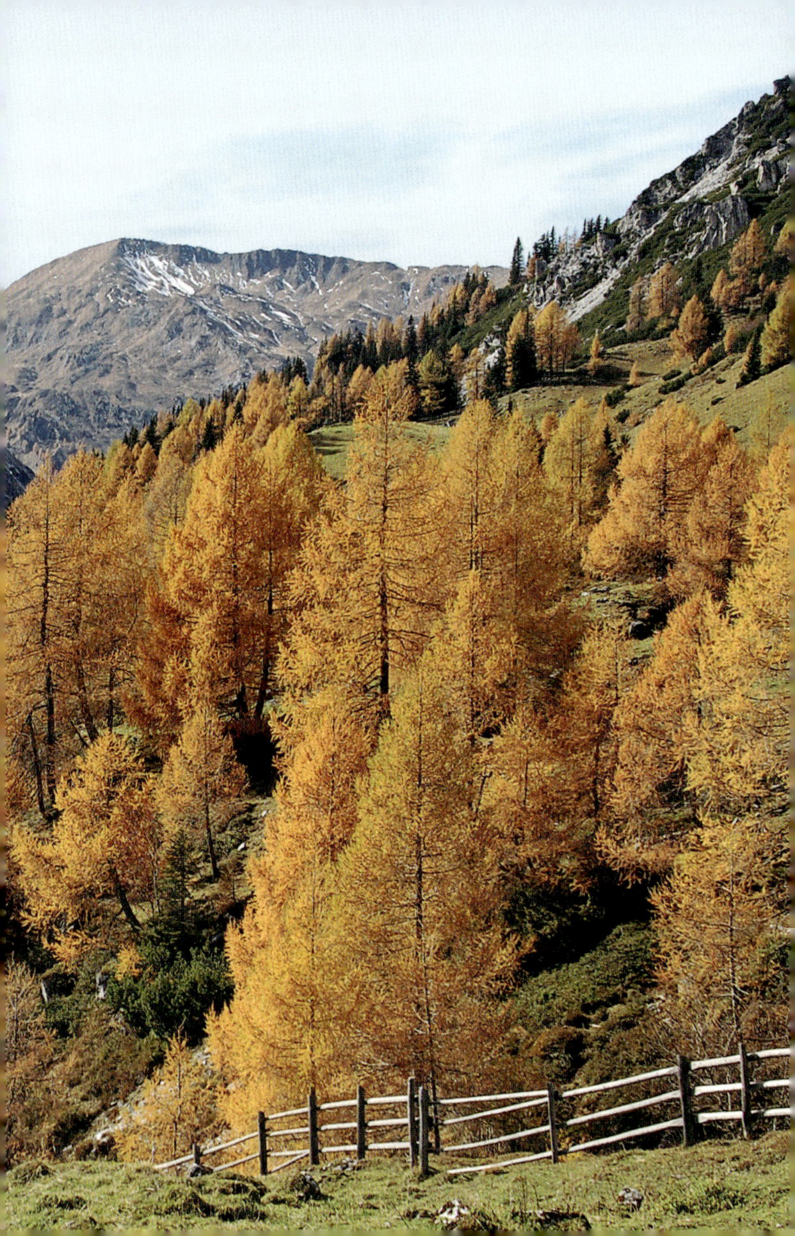

↗ 1130 m | ↘ 1260 m | 14.1 km

1 Weißgrubenkopf, 2369 m

7.00 h

Reizvolle Hüttenwanderung in luftiger Höhe

Der Naturpark Riedingtal ist ein lohnender Ausgangspunkt für schöne Wanderungen in das Pongauer Kleinarltal an der Nordseite der Radstädter Tauern. Das dichte Wegenetz eröffnet eine fast unbegrenzte Fülle an Tourenmöglichkeiten. Eine davon ist diese Wanderung, die ein gutes Stück über den bekannten Tauern-Höhenweg führt.

Ausgangspunkt: Königalm, 1667 m. Von Zederhaus, 1205 m, durch das Riedingtal bis zum großen Parkplatz vor der Schliereralm (teilweise Mautstraße). Weiter mit dem Tälerbus (für Benutzer der Mautstraße gratis) oder zu Fuß bis zur Königalm. Abfahrtszeiten im Naturparkzentrum Schliereralm oder in den Tourismusbüros erfragen.
Endpunkt: Untere Eßlalm, 1540 m. Von dort mit dem Shuttle-Bus zurück zur Schliereralm.
Anforderungen: Großteils mittelschwere, aber lange Wanderung mit mehreren Auf- und Abstiegen. Der Aufstieg zum Weißgrubenkopf erfordert allerdings an einigen Stellen Trittsicherheit und Schwindelfreiheit. Nur für Bergsteiger mit einiger Erfahrung. Wer sich dem nicht gewachsen fühlt, lässt den Weißgrubenkopf aus.

Einkehr: Schliereralm, Tel. +43 6478 484, schliereralm.at, Mitte Mai bis Mitte Sept., Nächtigung; Gruberalm, Tel. +43 664 250 2046, Anfang Juni bis Ende Sept., Mo Ruhetag; Königalm, Tel. +43 664 252 3297, koenigalm.at, Anfang Juni bis Ende Sept., Di Ruhetag, Nächtigung; Tappenkarsee-Hütte, AV, Tel. +43 6418 20113, tappenkarseehuette.at, Anfang Juni bis Ende Sept., Nächtigung; Franz-Fischer-Hütte, AV, Tel. +43 664 795 7960, franzfischer-huette.at, Mitte Juni bis Ende Sept., Nächtigung; Hoislalm, Tel. +43 650 341 1931, Mitte Juli bis Mitte Sept.; Ilgalm, Tel. +43 6478 295, Anfang Juni bis Mitte Sept.
Tipps: 1. Buntgeschmückte Prangstangen. 2. Naturdenkmal Brünnwandquelle im Ahrngraben (Aussichtsplateau kurz vor dem Parkplatz Schliereralm).

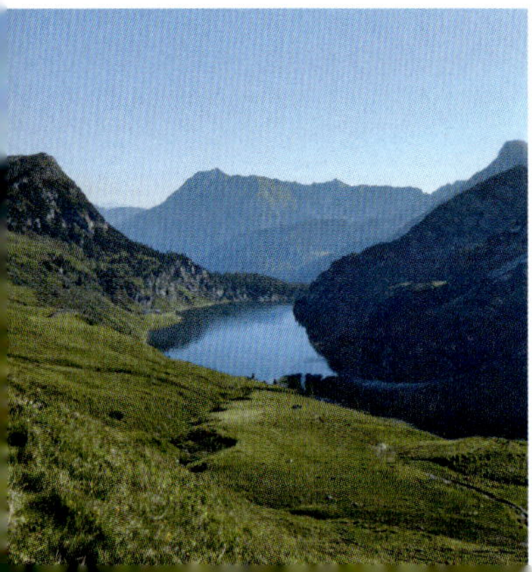

Von der **Königalm** ①, 1667 m, führt westlich ein anfangs ziemlich steiler, rot-weiß markierter Weg zum **Haselloch** ②, 2135 m. Beeindruckend ist der Blick in die Hohen Tauern. Hier teilen sich die Wege auf die 2433 m hohe Glingspitze (unschwierig), zur Franz-Fischer-Hütte (vgl. Tour 2) und zur Tappenkarsee-Hütte (1820 m) im Kleinarltal, die das erste Ziel dieser Tour ist. Mit ziemlichem Höhenverlust geht es nordwestlich

Blick auf den Tappenkarsee.

über weite Almwiesen auf den Tauern-Höhenweg Nr. 702 zu. Der große Tappenkarsee und die gleichnamige Hütte sind schon von Weitem zu sehen. Rechts haltend durch das breite und weitgehend ebene Tappenkar gelangt man rasch zur viel besuchten **Tappenkarsee-Hütte** 3, 1820 m. Von ihr auf Weg 702 ein kurzes Stück zurück in Richtung Haselloch, über den Bach und bei der Hinweistafel »Weißgruben-Scharte–Franz-Fischer-Hütte« nach links. Lang und steil geht es auf dem schmalen Steig der Weißgruben-Scharte (2257 m) zu, die den Blick zum Mosermandl freigibt. Der markierte Aufstieg zum **Weißgrubenkopf** 4, 2369 m, führt um den Gipfel herum, ist anfangs sehr steil. Einige ausgesetzte und recht luftige Stellen verlangen Trittsicherheit und Schwindelfreiheit. Von der Weißgruben-Scharte abwärtsgehend trifft man auf den direkten Verbindungsweg vom Haselloch zur Franz-Fischer-Hütte, der im leichten Auf und Ab über herrliche Almwiesen führt. Für eine kurze Rast beim Ilgsee sollte allemal Zeit sein.

Weiter zur wunderschön über dem Zaunersee gelegenen **Franz-Fischer-Hütte** 5, 2020 m. Direkt dahinter das wuchtige Mosermandl. Hier zweigt der Weg 711 ab, der zur **Unteren Eßlalm** 6, 1540 m, im Riedingtal führt. Von dort mit dem Bus zur Schliereralm.

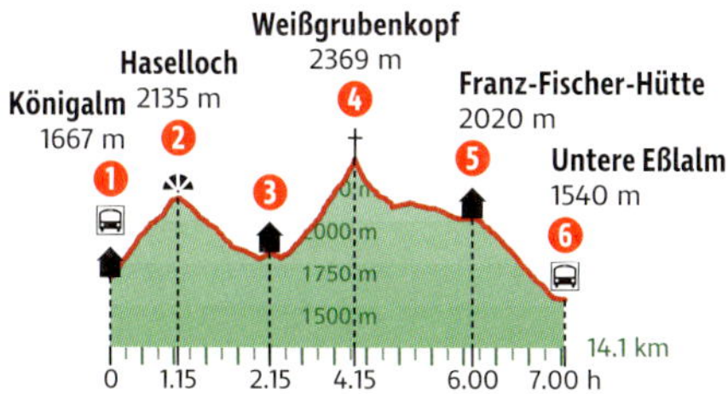

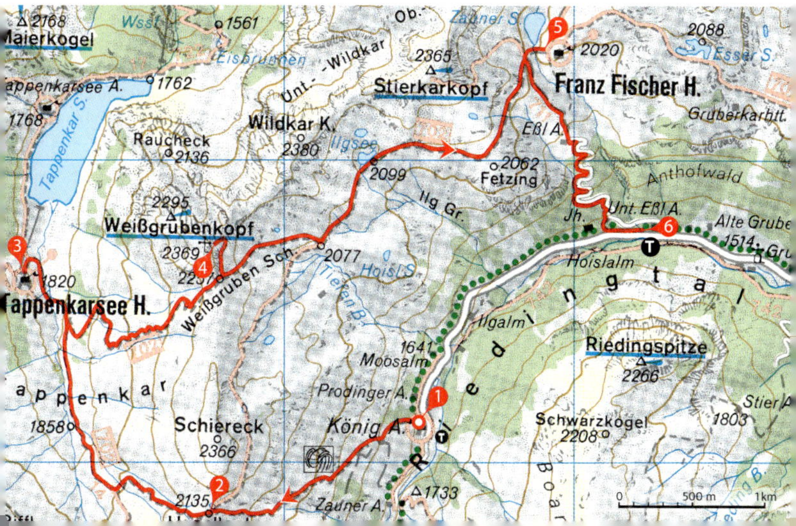

TOP

2 Riedingtal-Höhenweg

↗ 750 m | ↘ 920 m | 14.9 km

6.30 h

Eindrucksvoller Rundweg zwischen Lungau und Pongau

Diese leichte und überaus lohnende Hochgebirgswanderung führt durch die Randzone des Naturparks Riedingtal. Sie berührt dabei mehrere Seen und gibt immer wieder den Blick auf markante Gletscherberge frei.

Ausgangspunkt: Königalm, 1667 m. Von Zederhaus, 1205 m, im gleichnamigen Tal durch das Riedingtal bis zum großen Parkplatz vor der Schliereralm (teilweise Mautstraße). Weiter gratis mit dem Tälerbus (für Benutzer der Mautstraße gratis) oder zu Fuß bis zur Königalm. Abfahrtszeiten im Naturparkzentrum Schliereralm oder in den Tourismusbüros erfragen.
Endpunkt: Schliereralm, 1495 m. Parkplatz.
Anforderungen: Leichte Höhenwanderung mit mehreren kleinen Gegenanstiegen.
Einkehr: Gruberalm, Tel. +43 664 250 2046, Anfang Juni bis Ende Sept., Mo Ruhetag; Franz-Fischer-Hütte, AV, Tel. +43 664 795 7960, franzfischer-huette.at, Mitte Juni bis Ende Sept., Nächtigung; Schliereralm, Tel. +43 6478 484, schliereralm.at, Mitte Mai bis Mitte Sept., Nächtigung; Hoislalm, Tel. +43 650 341 1931, Mitte Juli bis Mitte Sept.; Ilgalm, Tel. +43 6478 295, Anfang Juni bis Mitte Sept.; Jakoberalm wird seit 2022 nicht mehr bewirtschaftet.
Variante: Von der Jakoberalm führt der hübsche Waldweg Nr. 743 gleichfalls ins Tal. Am Ende des Weges auf der Mautstraße rechts zum Parkplatz Schliereralm.
Tipps: 1. Buntgeschmückte Prangstangen. 2. Naturdenkmal Brünnwandquelle im Ahrngraben (Aussichtsplateau kurz vor dem Parkplatz Schliereralm).

Der rot-weiß markierte Steig beginnt direkt bei der **Königalm ❶**, 1667 m, und führt anfangs ziemlich steil in westliche Richtung zum **Haselloch ❷**, 2135 m, mit einem kleinen See. Ein lohnender Abstecher führt nördlich auf einem unmarkierten Weg in 45 Min. auf das 2366 m hohe Schiereck.
Vom Haselloch rechts ein letztes kleines Stück bergauf, dann weitgehend eben über wunderbare Almböden Richtung Franz-Fischer-Hütte. Auf der gegenüberliegenden Talseite das mächtige Weißeck (Tour 48), im Westen die Hohen Tauern mit Hafner- und Ankogelgruppe. Entlang des kleinen

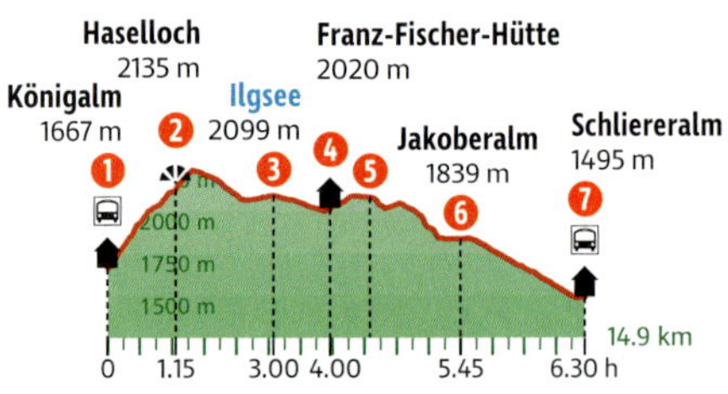

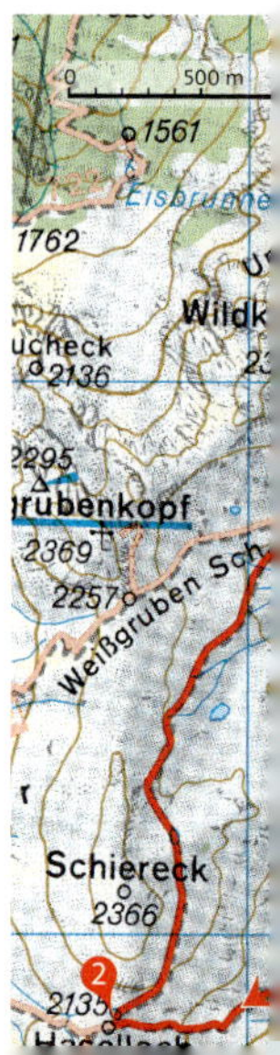

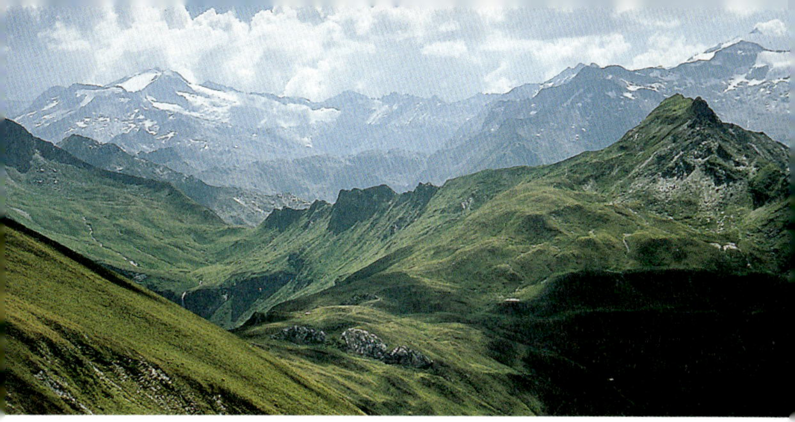

Blick vom Höhenweg zu den Dreitausendern der Hohen Tauern.

Ilgsees ❸, 2099 m, geht es zum Zaunersee unterhalb der **Franz-Fischer-Hütte** ❹, 2020 m. Bei einer wohlverdienten Rast lässt sich der Blick auf die großartige Bergkulisse erst richtig genießen. Der Weg führt nun unter den schroffen Abstürzen des Mosermandl (2680 m, Tour 3) vorbei an den beiden **Esser Seen** ❺, 2088 m, bis zur **Jakoberalm** ❻, 1839 m. Etwa 500 m vor der Jakoberalm zweigt eine blau markierte Forststraße ab, die direkt beim Parkplatz **Schliereralm** ❼, 1495 m, endet, oder man wählt die Variante.

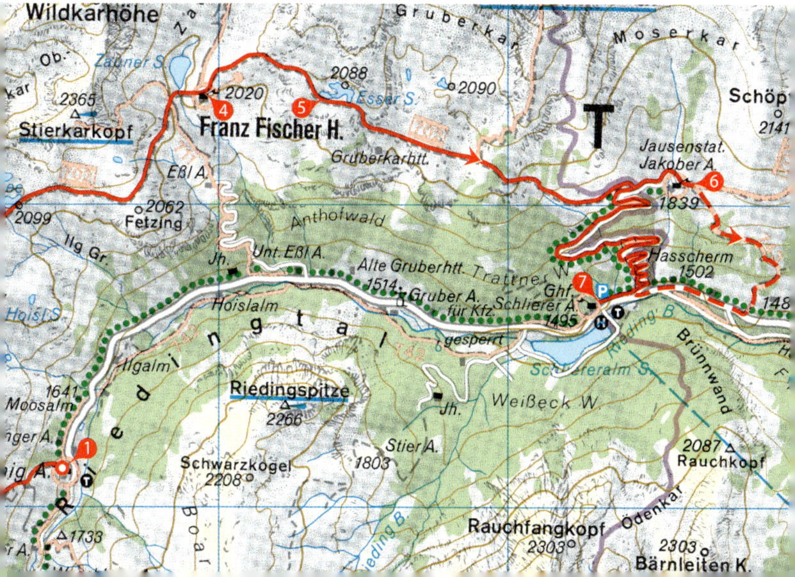

↗ 1160 m | ↘ 1210 m | 14.3 km

3 Mosermandl, 2680 m

6.15 h

Ein Kalkstock inmitten des Naturparks Riedingtal

Eine der großen Bergtouren im Lungau ist die Besteigung des Mosermandl im Naturpark Riedingtal. Die vorgestellte Wanderung erfordert einiges an alpiner Erfahrung, geht es doch durch eine enge, fast senkrechte Kaminrinne, die mit Hilfe von Fixseilen und Eisenhaken durchklettert wird. Sowohl beim Aufstieg wie beim Abstieg über den Südgrat ist besonders darauf zu achten, dass keine Steine losgetreten werden, die andere Bergsteiger gefährden. Früher Aufstieg wird dringend empfohlen. Die Sonne brennt auf die weiten Schuttkare gnadenlos nieder.

Ausgangspunkt: Untere Eßlalm, Aufstieg Franz-Fischer-Hütte. Anfahrt von Zederhaus, 1205 m, durch das Riedingtal bis zum großen Parkplatz vor der Schliereralm, aber nur zwei Stationen mit dem Tälerbus (für Benutzer der Mautstraße gratis) oder zu Fuß bis zur Haltestelle Untere Eßlalm. Zufahrt mit Pkw bis Aufstieg Franz-Fischer-Hütte bis 9 Uhr, kleiner Parkplatz. Zurück zum Auto mit Tälerbus.
Endpunkt: Schliereralm, 1495 m, Parkplatz.
Anforderungen: Lange, anstrengende Hochgebirgstour, Bergerfahrung, Trittsicherheit und Schwindelfreiheit erforderlich.
Einkehr: Gruberalm, Tel. +43 664 250 2046, Anfang Juni bis Ende Sept., Mo Ruhetag; Franz-Fischer-Hütte, AV, Tel. +43 664 795 7960, franzfischer-huette.at, Mitte Juni bis Ende Sept., Nächtigung; Schliereralm, Tel. +43 6478 484, schliereralm.at, Mitte Mai bis Mitte Sept., Nächtigung; Hoislalm, Tel. +43 650 341 1931, Mitte Juli bis Mitte Sept.; Ilgalm, Tel. +43 6478 295, Anfang Juni bis Mitte Sept.; Jakoberalm wird seit 2022 nicht mehr bewirtschaftet.
Variante: Von der Jakoberalm führt der hübsche Waldweg Nr. 743 gleichfalls ins Tal. Am Ende des Weges auf der Mautstraße nach rechts zum Parkplatz.
Tipp: 1. Buntgeschmückte Prangstangen. 2. Naturdenkmal Brünnwandquelle im Ahrngraben (Aussichtsplateau kurz vor dem Parkplatz Schliereralm).

Von der **Unteren Eßlalm** 1, 1540 m, geht es auf dem Weg Nr. 711 zügig zur **Franz-Fischer-Hütte** 2, 2020 m, am Zaunersee. Unterhalb der Hütte biegt der Weg nach Norden ins Zaunerkar zur **Windischscharte** 3, 2306 m, ab und führt durch ein weites Schuttkar – Weg Nr. 733 – hinauf zu einer seilgesicherten und an manchen Stellen sehr engen Steilrinne auf den kurzen, gesicherten Westgrat zum Gipfel des **Mosermandl** 4, 2680 m. Der Blick reicht von den höchsten Spitzen der Hohen Tauern über die Berge des Lungau bis zu den Nockbergen im Südosten.

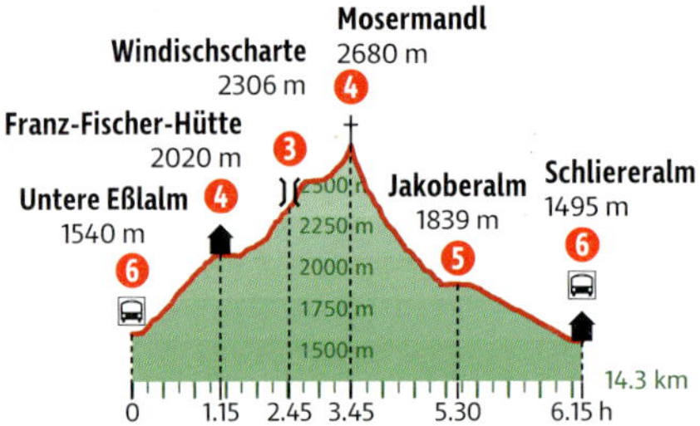

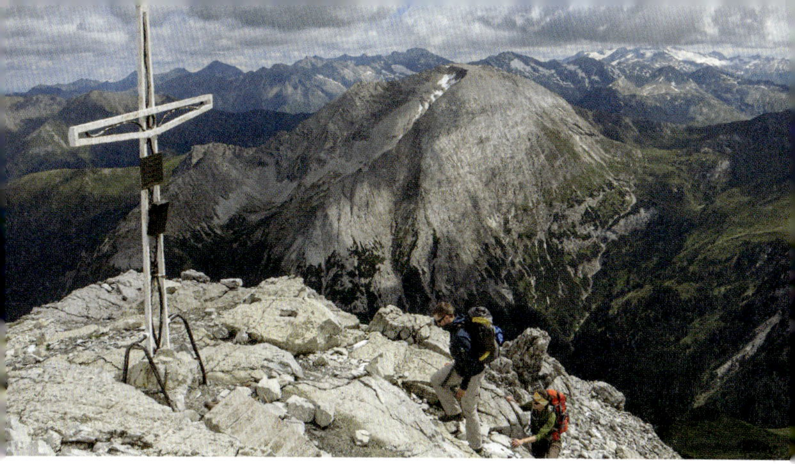

Jetzt ist die Gipfelbesteigung nur mehr Formsache.

Der Abstieg über den Südgrat beginnt sehr steil. Teilweise seilgesichert geht es etwa 45 Min. und knapp 400 Höhenmeter über plattige Felsen in vielen Serpentinen bergab, bis man hoch über den Esser Seen wieder blumenübersäte Almwiesen erreicht. Beim deutlich markierten Einstieg zum Südgrat trifft man auf den Tauern-Höhenweg Nr. 702, dem man nach links – östlich – zur Jausenstation **Jakoberalm** ❺, 1839 m, folgt. Für den Abstieg zur **Schliereralm** ❻, 1495 m, kann man die etwa 500 m vor der Jakoberalm rechts abzweigende blau markierte Forststraße oder ab der Jakoberalm den schöneren Waldweg Nr. 743 wählen (vgl. Variante).

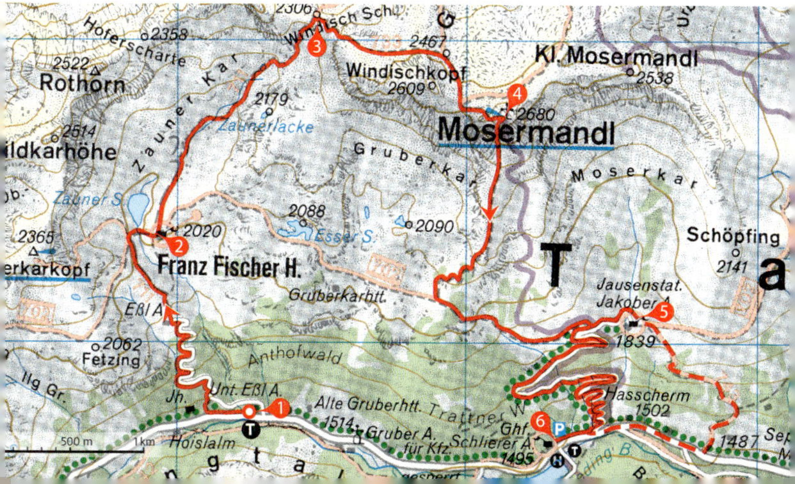

TOP

4 Hirschwandsteig

↗ 540 m | ↘ 540 m | 11.9 km

4.20 h

Aussichtsreiche Höhenwanderung am Rande des Lungau

Diese hübsche Rundwanderung in Obertauern führt recht aussichtsreich über die Südwiener Hütte zu einem der bekanntesten Salzburger Naturdenkmäler, dem gewaltigen Johannesfall. Er zählt zweifellos zu den imposantesten Wasserfällen Österreichs und kann an seiner Rückseite gefahrlos umgangen werden. Besonders beeindruckend ist die Wanderung im Frühsommer, wenn der Almrausch (Alpenrose) die weiten Hänge in ein saftiges Rot taucht und der gut 50 m hohe Wasserfall nach der Schneeschmelze reichlich Wasser zu Tal schickt.

Ausgangspunkt: Bushaltestelle »Obertauern Felseralm«, 1490 m. Kleiner Parkplatz und Haltestelle an der B 99, etwa 4 km von Obertauern in Richtung Radstadt.
Anforderungen: Leichte Wanderung mit mehreren Auf- und Abstiegen.
Einkehr: Südwiener Hütte, AV, Tel. +43 676 743 1628, alpenverein.at/suedwienerhuette, Anfang Juni bis 26. Okt., Nächtigung; Hintergnadenalm, Tel. +43 664 300 3223, Anfang Juni bis Anfang Okt.

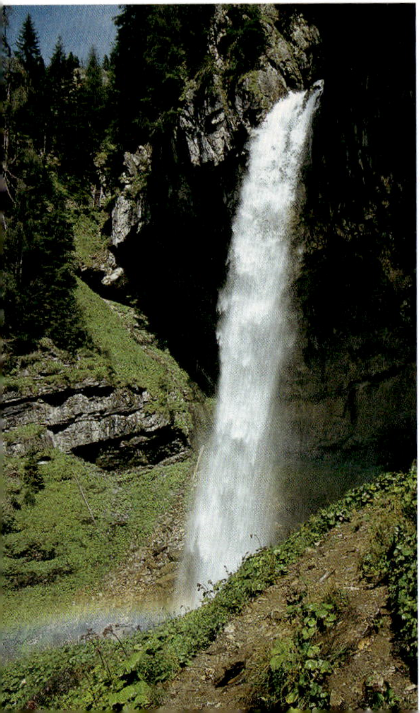

Wenige Meter nach der **Busstation ❶**, 1490 m, zweigt links eine kleine Straße zum Jugendheim **Felseralm ❷**, 1660 m, ab. Zwischen den Häusern und einem kleinen See beginnt der rot-weiß markierte Weg Nr. 25 entlang der Hirschwand in Richtung Südwiener Hütte. Zuerst geht es leicht bergauf, dann im munteren Auf und Ab mit herrlichen Ausblicken zum Dachstein und zur Bischofsmütze zur meist recht gut besuchten **Südwiener Hütte ❸**, 1802 m.

Nach einer kleinen Stärkung folgt der Abstieg zur **Hintergnadenalm ❹**, 1336 m, teils über den alten Weg, teils auf der neuen Forststraße. Etwa 300 m nach der Hintergnadenalm zweigt rechts – östlich – Weg Nr. 24 zum Johannesfall und Felseralm ab. Der gut markierte Abstecher

Der imposante Johannesfall.

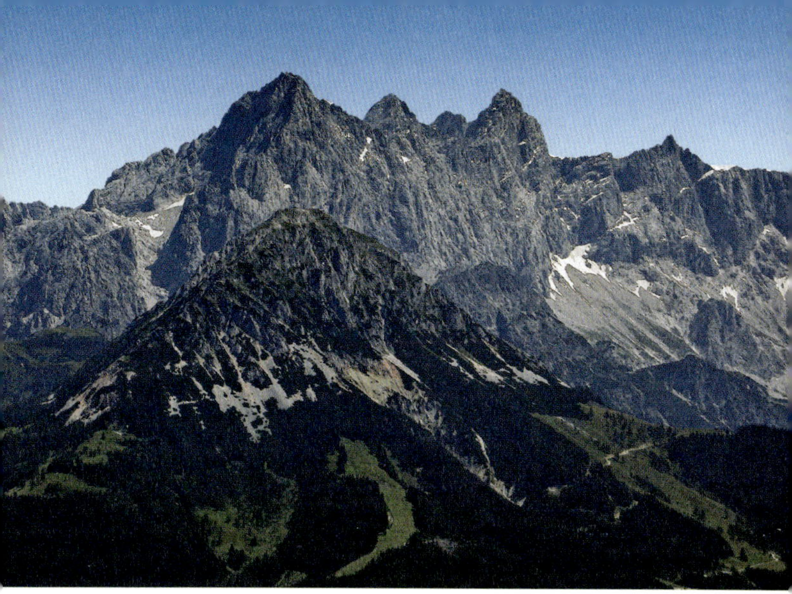

Prachtvolle Aussicht vom Hirschwandsteig auf die Dachsteingruppe.

zum **Johannesfall** 5, 1445 m, sollte auf keinen Fall versäumt werden. Wild stürzt die Taurach in die Tiefe. Ein riesiger Regenbogen bildet meist ein herrliches Farbenspiel, und durch kühlenden Sprühregen gelangt man hinter den Wasserfall, ein einmaliges Naturerlebnis. Zurück zum Weg Nr. 24 und steil bergauf zur **Busstation** 1.

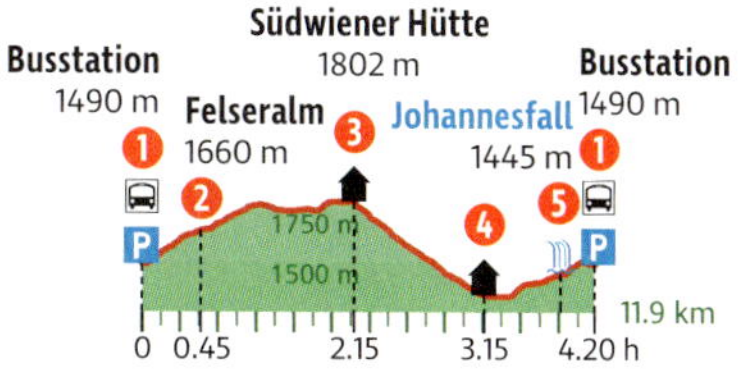

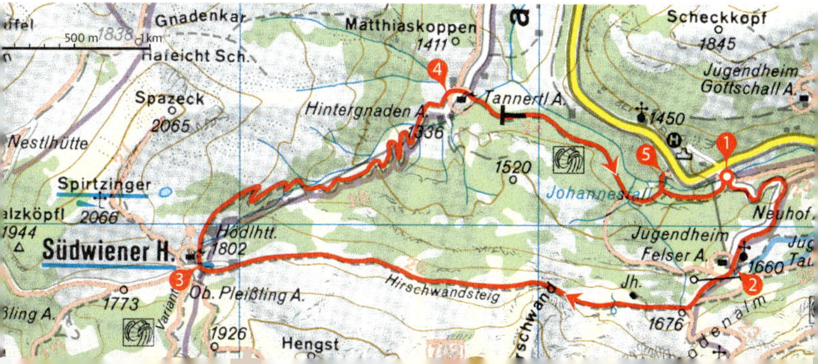

↗ 800 m | ↘ 800 m | 10.1 km

5 Gamskarlspitz, 2411 m

5.30 h

Rundwanderung hoch über dem Wintersportzentrum Obertauern

Der Weg führt durch das Naturschutz- und Vogelbrutgebiet Hundsfeldmoor. Wegen der prächtigen Alpenflora mit Almrausch, Thymian, Arnika und dem fleischfressenden, veilchenähnlichen Fettkraut dürfen die markierten Wege nicht verlassen werden! Hier nistet auch das Rotsternige Blaukehlchen. Sein nächstes Brutgebiet befindet sich mehr als 1000 km weiter im Norden.

Ausgangspunkt: Obertauern, 1739 m. Parkplätze im Ortszentrum oder am Sportzentrum an der Straße zum Seekarhaus, nördlich der B 99. Bushaltestelle »Obertauern Passhöhe«.
Anforderungen: Grundsätzlich eine einfache Bergwanderung, außer der Aufstieg zum Gamskarlspitz. Dieser ist teilweise ausgesetzt und verlangt Trittsicherheit; einige leichte Kletterstellen.
Einkehr: Unterwegs keine. In Obertauern Dikt'n Alm, Tel. +43 6456 7580, diktnalm.at, Mitte Juni bis Ende Sept.

In **Obertauern** ❶, 1739 m, geht man von der Bundesstraße über die Seekarstraße zum Sportzentrum. Hier zweigt rechts der Weg zur im Sommer geschlossenen **Edelweißalm** ❷, 1850 m, ab. Weiter zur Mankeialm, jetzt links bergauf zur Bergstation der Plattenkarbahn. Ab hier ist die Markierung wieder leicht zu finden und führt in vielen Serpentinen durch ein mächtiges Blocksteinfeld in eine deutliche Einsattelung, in der rechts der Weg auf den Gamskarlspitz (45 Min.) abzweigt. Der ziemlich luftige und mit einigen leichten Kletterstellen gespickte Steig verläuft fast immer am Grat entlang zum Gipfelkreuz auf dem **Gamskarlspitz** ❸, 2411 m, und bietet eine phantastische Aussicht. Dieser Aufstieg ist allerdings nur trittsicheren und schwindelfreien Bergsteigern bei trockenem Wetter zu empfehlen.

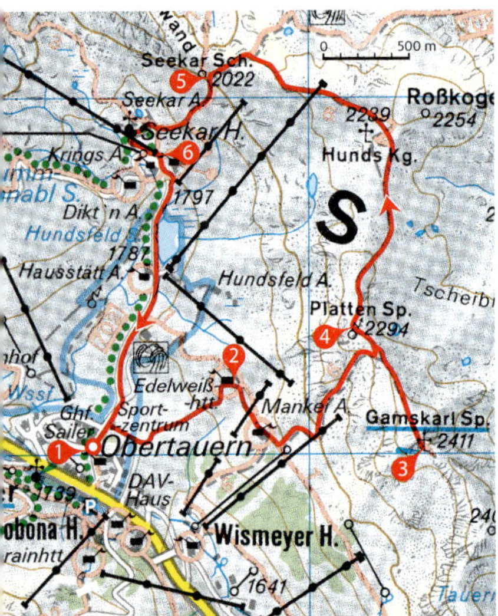

Zurück zur Einsattelung geht es weiter über den **Plattenspitz** ❹, 2294 m, mit seiner weithin sichtbaren Sendeanlage.

Danach geht es in einer schönen Kammwanderung um den Hundskogel, vorbei an der gleich-

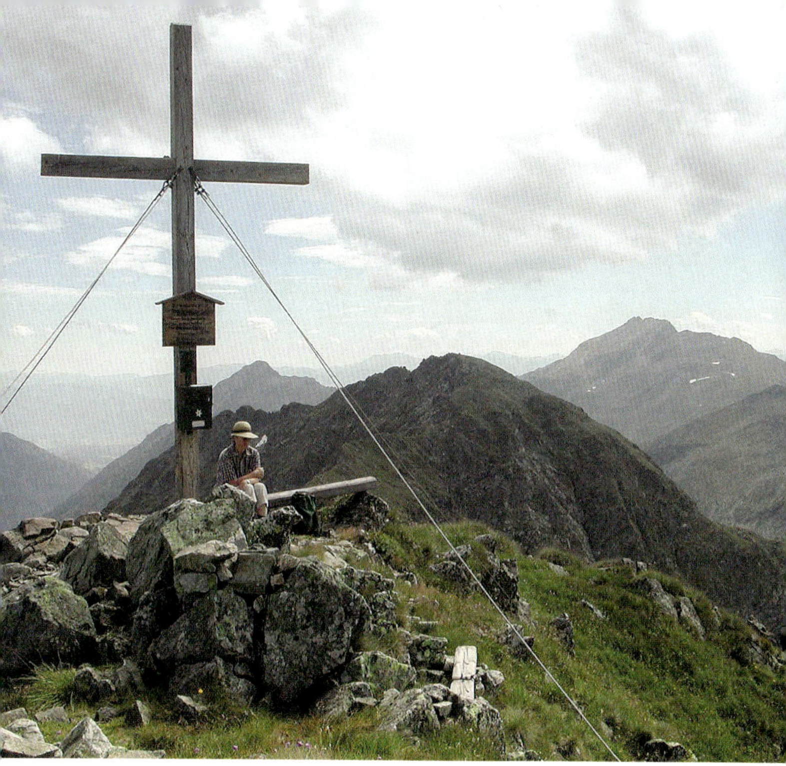

Rast am wenig besuchten Gamskarlspitz.

namigen Bahn-Bergstation, dann über einen Schutthang steil hinunter zur **Seekarscharte** 5 in 2022 m Höhe, die bereits am Tauern-Höhenweg 702 liegt. Dieser führt zum **Hotel Seekarhaus** 6, 1797 m, von dort auf der Zufahrtsstraße, das Hundsfeldmoor passierend, zurück nach **Obertauern** 1.

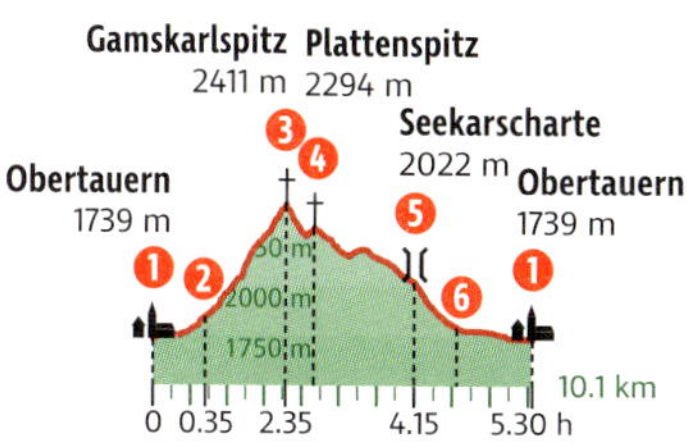

↗ 630 m | ↘ 630 m | 7.5 km

6 Blausee, 2015 m

3.45 h

Durch das unberührte Lantschfeld zum kleinen Blausee

Das Twenger Lantschfeld zählt zu den eher weniger besuchten Regionen des Lungau, eignet sich aber wegen seiner weiten Almböden besonders für Wanderungen mit Kindern. Der Anmarsch durch das Tal ist nicht sehr steil, lässt sich beliebig lang ausdehnen, und der munter springende Lantschfeldbach bildet zusammen mit den zahlreichen, zum Teil bewirtschafteten Almhütten grenzenlose Spielmöglichkeiten.

Ausgangspunkt: Kleine Kapelle beim Hüttendorf im Lantschfeld, 1650 m, rechts der Straße. Am nördlichen Ortsende von Tweng, 1233m, links über die Taurachbrücke abbiegen, ca. 500 m bis zur Schranke (Parkplatz) oder ca. 10 km Mautstraße (Schlüssel gegen Gebühr im Gemeindeamt von Tweng Mo–Do von 8 bis 15.30 Uhr, Fr von 8 bis 11.30 Uhr, außerhalb der Dienstzeit im Hotel Twengerhof) bis zur kleinen Kapelle beim Hüttendorf im Lantschfeld, Parkmöglichkeit.
Anforderungen: Leichte Almwanderung, keinerlei Schwierigkeiten.
Einkehr: Genossenschaftshütte, Tel. +43 664 627 1952, Mitte Juni bis Ende Sept.; Müllnerbauerhütte, Tel. +43 650 250 3164, Mitte Juni bis Mitte Sept.
Variante: 1. Wanderung auf der rot-weiß markierten Straße Nr. 744 oder auf dem rechts abzweigenden Waldweg, meist ziemlich eben entlang der Taurach, dann des Lantschfeldbaches. Nach etwa 1 Std. erreicht man die Postalm (1298 m) und bei einer Weggabelung die Mühltaler Alm. Weiterhin rechts haltend (Hinweistafel) vorbei an einer großen Wildfütterungsstelle und der Unteren Zehneralm leicht ansteigend zum Hüttendorf inmitten einer herrlichen Bergkulisse (ca. 2.30 Std. bis zur Kapelle). Rückweg zur Schranke in Tweng. 2. Abstecher zum Tennwasserfall. Etwa 20 Minuten nach dem Start der Variante auf der Straße Nr. 744 zweigt nach rechts der gut markierte Weg zum imposanten Tennwasserfall ab. Auf diesem Weg rechts halten, über eine Brücke und bei einer Schautafel links abbiegen (10 Minuten). Beim Wasserfall links kurzer steiler Aufstieg zum Aussichtspunkt. Zurück entweder direkt zur Straße 744 oder knapp vorher auf einem markierten Waldweg nach rechts, der nach wenigen Minuten ebenfalls in die Straße 744 einmündet. Ab hier weiter mit der Variante bis zum Hüttendorf.

Kurz nach der idyllisch gelegenen kleinen **Kapelle** ①, 1650 m, beginnt eine gut markierte Aufschließungsstraße, die mit der Nummer 744 gekennzeichnet ist. Auf ihr verläuft in Richtung Radstädter Tauern der Aufstieg zum Blausee. Etwa auf halber Höhe zweigt der Weg rechts ab und führt im weiten Bogen zum im Sommer eher kleinen Blausee, der wegen seiner intensiven Farbe diesen Namen verdient.

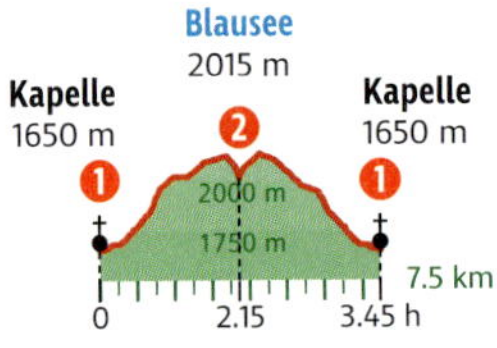

Die wuchtige Südwand des Pleißlingkeil (2501 m) bildet dabei ein eindrucksvolles Ge-

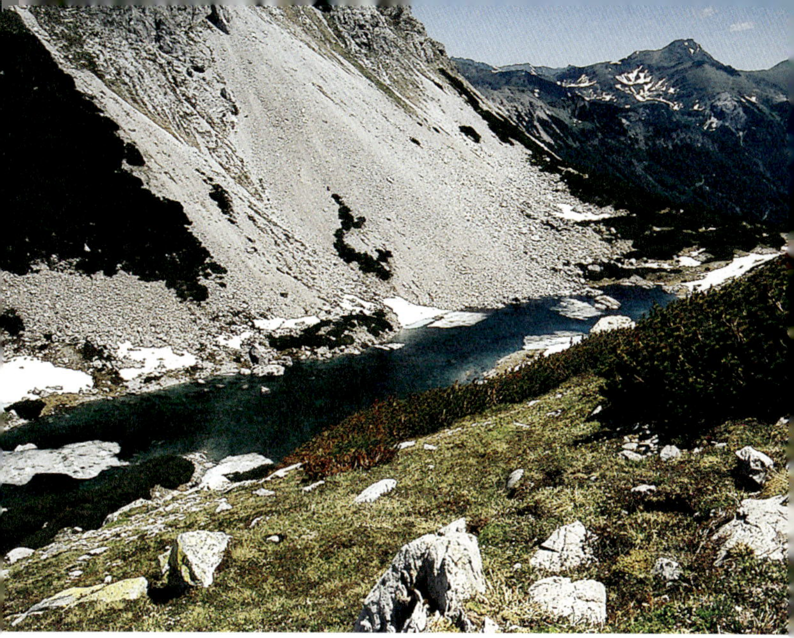

Der kleine Blausee am Fuße des Pleißlingkeil.

gengewicht zu den weichen Almböden am gegenüberliegenden Seeufer. Sie bieten reichlich Platz für eine wohlverdiente Rast in dieser weithin unberührten Landschaft. Ein gut ausgetretener, aber steiler Fußweg führt in etwa 15 Minuten zum **Blausee** ❷, 2015 m, hinunter.
Der Abstieg zurück zur **Kapelle** ❶ erfolgt über denselben Weg wie der Aufstieg.

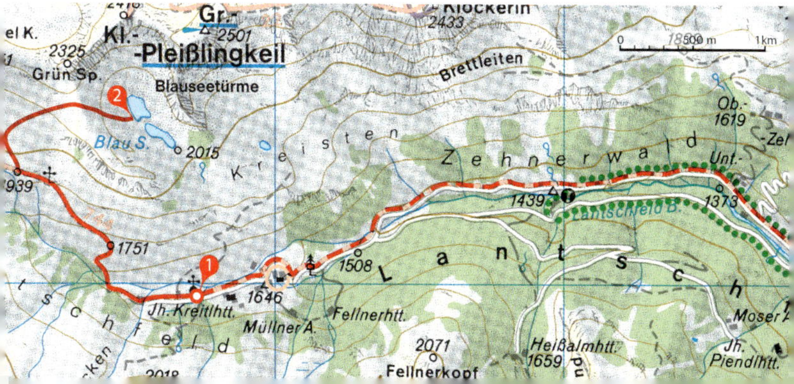

↗ 1210 m | ↘ 1210 m | 21.0 km

7 Lungauer Kalkspitze, 2471 m

8.00 h

Eine aussichtsreiche Rundwanderung für ausdauernde Geher

Eine der landschaftlich schönsten Wanderungen im Lungau führt durch das unberührte Znachtal und vorbei an längst stillgelegten Bergwerken. Höhepunkt ist die Besteigung der Lungauer oder der nur unwesentlich niedrigeren Steirischen Kalkspitze. In diesem Lungau-Wanderführer wird natürlich die Lungauer Kalkspitze als Ziel angepeilt.

Ausgangspunkt: Weißpriachtal, 1099 m. Großer Parkplatz am Ende der öffentlichen Straße (mautpflichtig), 1276 m. Haltestelle Tälerbus.
Anforderungen: Lange Bergtour mit Stellen, die Trittsicherheit erfordern.
Einkehr: Dicktlerhütte am Beginn der Mautstraße, Tel. +43 664 649 0910, Mitte Mai bis Ende Okt., Mo und Di Ruhetag; Granglerhütte, Tel. +43 664 843 5881, granglerhuette.at, Ende Mai bis Anfang Okt., Nächtigung; Untere Grainmeisterhütte nicht bewirtschaftet.
Varianten: Lohnende Abstecher führen vom Znachsattel zur etwas tiefer liegenden Giglachseehütte (1955 m), 30 Min., Anfang Juni bis Ende Sept.) oder zur Ignaz-Mattis-Hütte am Giglachsee (1986 m, 1 Std., AV, Mitte Juni bis Anfang Okt., Nächtigung) sowie in ca. 10 Min. vom Oberhüttensattel zur Oberhütte am Oberhüttensee (1860 m, Mitte Juni bis Anfang Okt., Nächtigung).

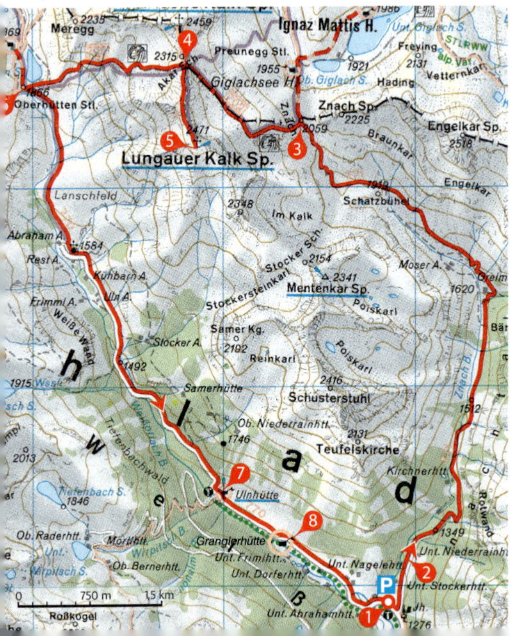

Vom großen Parkplatz im **Weißpriachtal** ❶, 1276 m, bzw. der Tälerbus-Station kurz talauswärts bis zur deutlich markierten Abzweigung nach links – nördlich – ins Znachtal auf Weg Nr. 771 vorbei an der **Unteren Grainmeisterhütte** ❷, 1320 m. Nach gut 1 Std. trifft man auf die alte Obere Grainmeisterhütte.
20 Min. später zweigt rechts der Steig (AV-Tafel) zum Giglachsee ab. Am **Znachsattel** ❸, 2059 m, vereinigt sich Weg Nr. 771 mit dem Tauern-Höhenweg 702, der jetzt nach links –

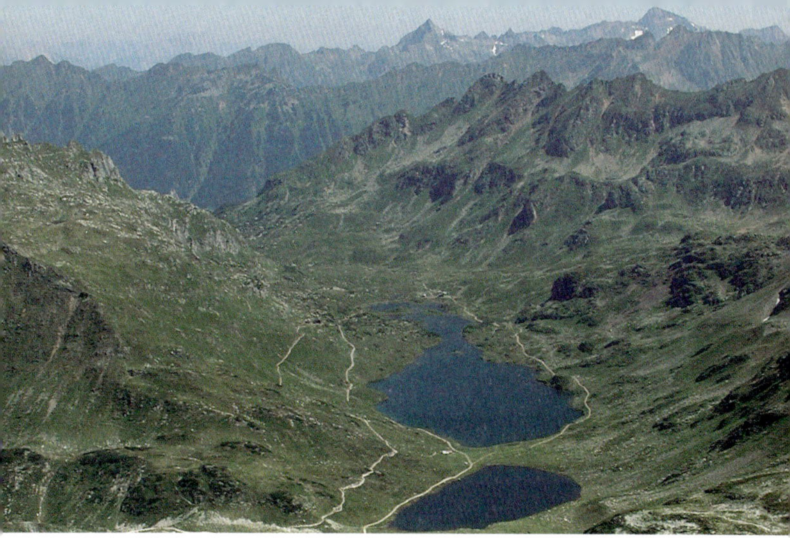

Die zwei Giglachseen tief unter dem Znachsattel.

westlich – manchmal recht luftig zur **Akarscharte** ❹, 2315 m, führt. Hier stehen nun zwei hervorragende Aussichtsberge zur Auswahl: die Steirische, 2459 m, und die **Lungauer Kalkspitze** ❺, 2471 m. Für den Aufstieg ist jeweils mit einer guten halben Stunde zu rechnen, Trittsicherheit ist erforderlich. Der Blick reicht vom Dachstein über das Tennengebirge, die Schladminger Tauern und weit darüber hinaus.

Zurück zur **Akarscharte** ❹ und steil hinunter zum **Oberhüttensattel** ❻, 1866 m, am gleichnamigen See. Dort biegt man links – südlich – auf den Weg Nr. 770 ab, der durch das Weißpriacher Lanschfeld, vorbei an der nicht mehr bewirtschafteten **Ulnhütte** ❼, 1325 m, (Endstation Tälerbus) und der bewirtschafteten **Granglerhütte** ❽, 1320 m, direkt zum **Parkplatz** ❶ führt.

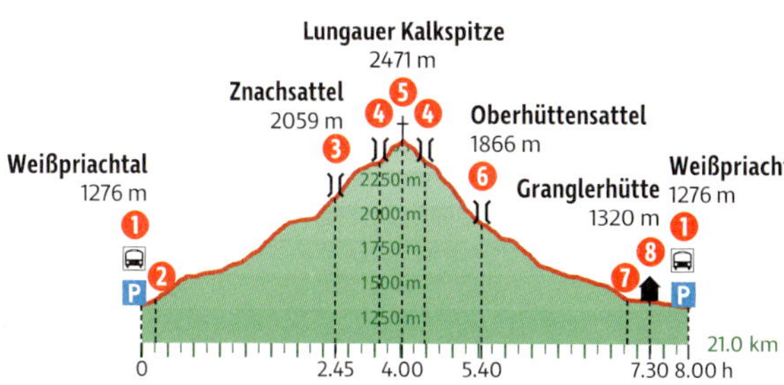

TOP

8 Zinkwand, 2442 m

↗ 1200 m | ↘ 1200 m | 15.1 km

7.15 h

Ein Stück Bergwerksgeschichte hautnah erleben

Wer vermutet, dass in der Zinkwand Zink abgebaut wurde, liegt falsch. Der Name bezieht sich auf die vielen spitzen Zacken der Wand, die Zinken. Abgebaut wurden vielmehr Kobalt, Nickel und Wismut; die Schmelzanlagen befanden sich am Eingang zum Znachtal. Die Stollenanlage führt quer durch den Berg. Ihre Begehung ist eher mühsam und verlangt Vorsicht. Unbedingt starke Taschenlampen mitnehmen!

Ausgangspunkt: Weißpriachtal, 1099 m. Großer Parkplatz am Ende der öffentlichen Straße (mautpflichtig), 1276 m, Haltestelle Tälerbus.
Anforderungen: Aufstieg bis zum Schaustollen leichte Bergwanderung. Zum Eingang des Stollens führt ein kurzer, leichter und gut gesicherter Klettersteig. Der Einstieg über einige Leitern zum Montanlehrpfad durch den teilweise recht engen, finsteren und niedrigen Stollen (Achtung auf den Kopf!), der weitere Aufstieg zur Zinkwand und der Abstieg zur Oberen Grainmeisterhütte sind erfahrenen, trittsicheren, schwindelfreien, gut ausgerüsteten Bergsteigern mit Orientierungssinn bei möglichst trockenem Wetter vorbehalten.
Einkehr: Dicktlerhütte am Beginn der Mautstraße, Tel. +43 664 649 0910, Mitte Mai bis Ende Okt., Mo und Di Ruhetag; Untere Grainmeisterhütte nicht bewirtschaftet.
Variante: Für weniger Geübte: Aufstieg Schaustollen und auf demselben Weg zurück (5.30 Std., ca. 1000 Hm).
Tipp: Montanlehrpfad, Reste der alten Knappenunterkünfte, alte Stollenanlagen im Berg (Taschenlampen).

Am Gipfel der Zinkwand, links vom Kreuz der Hochgolling.

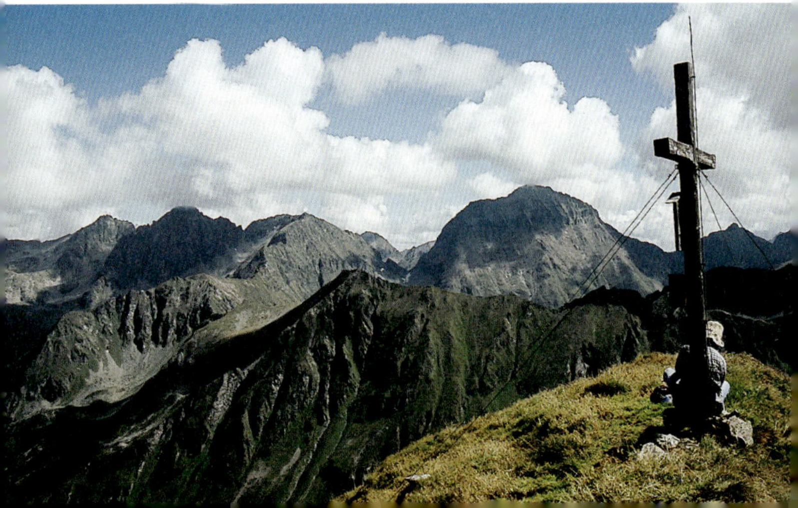

Vom großen Parkplatz im **Weißpriachtal** ❶, 1276 m, kurz rechts (talauswärts), dann nach links ins Znachtal. Leicht ansteigend führt der Weg 771 an der bewirtschafteten **Unteren Grainmeisterhütte** ❷, 1320 m, und der Znachalm vorbei. Nach einer scharfen Linkskurve knapp unterhalb der privaten **Oberen Grainmeisterhütte** ❸, 1620 m; Hinweistafel »Zinkwand«) rechts auf den Steig abbiegen. Über stellenweise recht feuchte Wiesen führt der Weg an alten, längst verfallenen Bergwerksanlagen und einigen Schautafeln dem Talschluss – hier links halten – zu. Die anfangs verwitterte Markierung wird immer besser sichtbar. Das Almgelände wechselt schließlich in Blockwerk und riesige Abraumhalden über. Für weniger geübte Geher endet der Aufstieg bei den einstmals überdachten Gängen für den Erztransport und einer herrlich erfrischenden **Quelle** ❹, 2240 m.

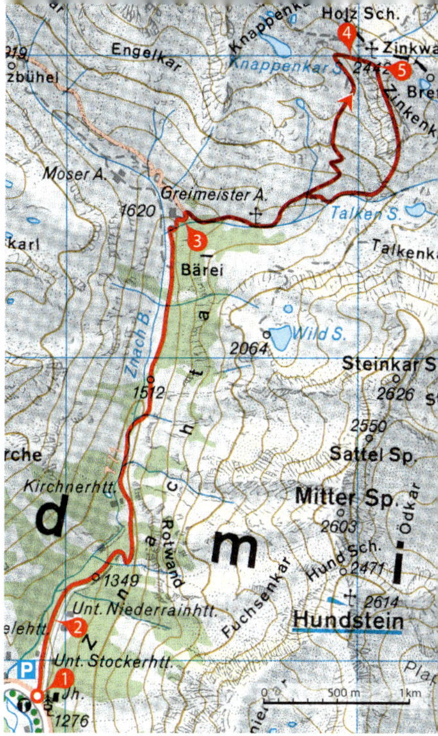

Trittfeste Wanderer nehmen den Montanlehrpfad, steigen über gesicherte Leitern zum Stolleneingang auf, werfen noch einen Blick auf die vielen kleinen und größeren Seen und durchqueren in einem teilweise recht engen und niedrigen Stollen – Achtung auf den Kopf – die Zinkwand im Berginneren. Wieder im Freien, liegt tief unten die Keinprecht-Hütte. Ein schmaler, unmarkierter Steig führt nach rechts entlang der Bergflanke zum Gipfel der **Zinkwand** ❺, 2442 m, hinauf. Beim Abstieg folgt man einem gut erkennbaren steilen und teils recht feuchten Weg; vorbei an einer Schautafel trifft man auf Weg 771 zur **Oberen** ❸ und **Unteren Grainmeisterhütte** ❷ und zum **Parkplatz** ❶.

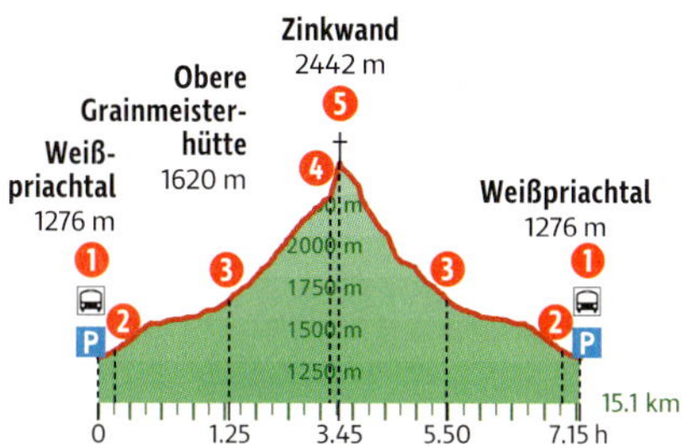

↗ 900 m | ↘ 1220 m | 13.6 km

9 Großes Gurpitscheck, 2526 m

5.30 h

Gipfelglück und vier Bergseen

Dank der guten Verbindungen lässt sich diese großartige Tour sehr schön mit öffentlichen Verkehrsmitteln machen. Die jeweiligen Abfahrtszeiten sind so gestaltet, dass genügend Zeit zum Schauen und Rasten bleibt. Das Große und das Kleine Gurpitscheck zählen allein schon wegen ihrer ausgeprägten Pyramidenformen zu den markantesten Bergen des Lungau. Den Blick auf die Hotelburgen am Radstädter Tauernpass sollte man vielleicht rasch vergessen, ab dem tief blau-grünen Twenger Almsee gibt es nur noch Natur pur.

Ausgangspunkt: Obertauern, Jugendgästehaus Schaidberg, 1623 m, etwa 1 km südlich der Passhöhe an der B 99 in Richtung Tamsweg. Großer Parkplatz (Parkplatzordnung unbedingt befolgen!). Bushaltestelle »Obertauern Schaidberg Jugendheim«.
Endpunkt: Granglerhütte, 1340 m. Rückfahrt nach Tamsweg oder Mariapfarr bzw. zum Schaidberghaus mit dem Tälerund Linienbus.
Anforderungen: Lange Bergwanderung, die nur bei der Besteigung des Großen Gurpitscheck Trittsicherheit und Schwindelfreiheit verlangt.
Einkehr: Twengeralm, Tel. +43 664 369 6696, Anfang Juli bis Mitte Sept.; Toni-Mörtl-Hütte, Tel. +43 664 507 2407, Mitte Juni bis Mitte Sept.; Granglerhütte, Tel. +43 664 843 5881, granglerhuette.at, Ende Mai bis Anfang Okt., Nächtigung.
Variante: Nur Aufstieg vom Jugendgästehaus über den Twenger Almsee auf das Große Gurpitscheck (insg. ca. 4.45 Std.).

Hinter dem **Jugendgästehaus Schaidberg** ❶, 1623 m (im Sommer nicht bewirtschaftet), beginnt ein Ziehweg, der südöstlich mäßig steil zur **Ernstalm** ❷, 1869 m, führt, wo er mit dem Weg von der Tauernpasshöhe zusammentrifft. Nach wenigen Minuten zweigt der markierte Steig vor der bewirtschafteten **Twengeralm** ❸, 1902 m, links ab und leitet durch blühende Almwiesen zuerst fast eben, dann entlang einem kleinen Bach recht zügig in eine kleine Senke, in der sich der **Twenger Almsee** ❹, 2120 m, versteckt. Rechts um den See herum und weiter steil nach oben zu einem Sattel.

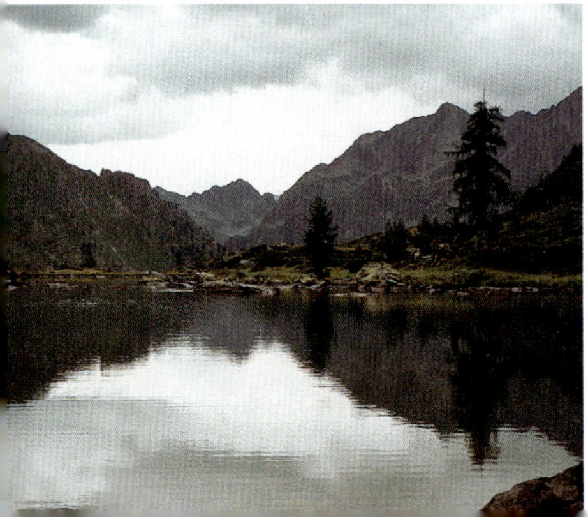

Der bezaubernde Schönalmsee lädt zu einer kurzen Rast.

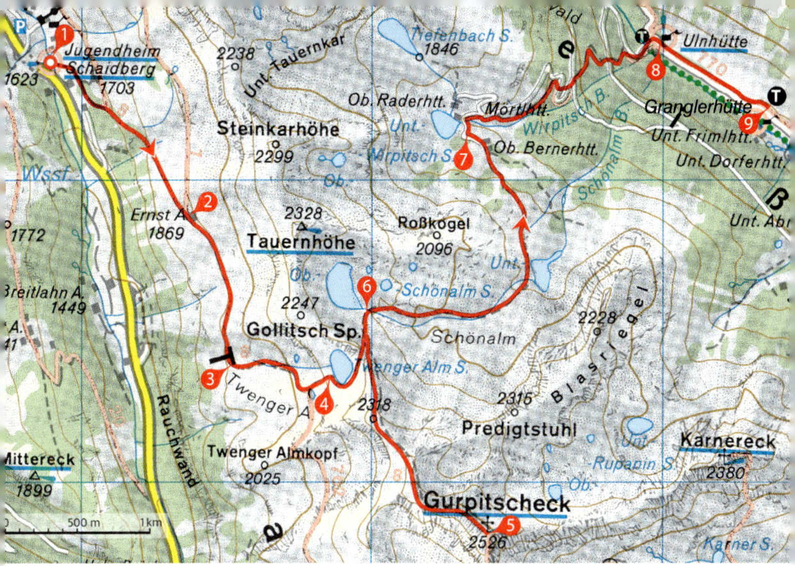

Erfahrene, trittsichere und schwindelfreie Bergsteiger werden sich hier nach rechts dem **Großen Gurpitscheck** 5, 2526 m, zuwenden, die anderen steigen direkt zu den beiden Schönalmseen ab. Der Weg zum Gipfel ist anfangs eine luftige Gratwanderung, zuletzt felsiges Gelände. Bis zum Sattel oberhalb des Twenger Almsees erfolgt der Abstieg vom Gurpitscheck wie der Aufstieg. Vom Sattel geht es wiederum durch herrliche Almmatten zu den beiden **Schönalmseen** 6, 2115 m, dann über einige Steilstufen zum **Wirpitschsee** 7, 1699 m, wo die gemütliche Toni-Mörtl-Hütte zur Einkehr lädt. Weiter auf dem alten Almweg oder knieschonender auf der Aufschließungsstraße bis zur geschlossenen **Ulnhütte** 8, 1325 m, der Endstation des Tälerbusses, oder nach rechts auf Weg Nr. 770 zur **Granglerhütte** 9, 1340 m, wo sicher noch Zeit für eine Rast bis zur Abfahrt des Tälerbusses bleibt.

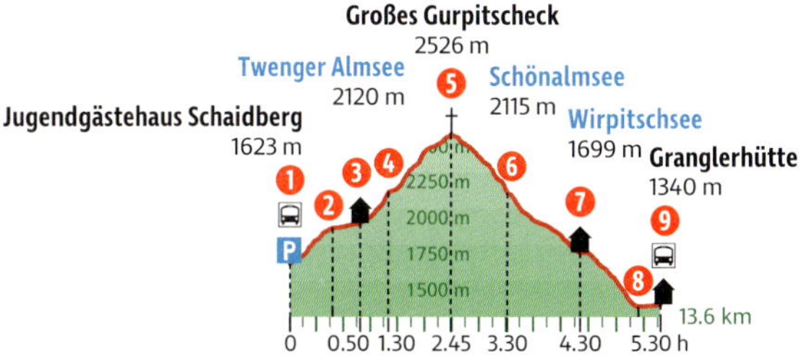

↗ 1270 m | ↘ 1270 m | 11.8 km

10 Karnereck, 2380 m

7.00 h

Ein Blütenparadies unter den Abstürzen des Großen Gurpitscheck

Über eine bequeme Aufschließungsstraße führt die Wanderung auf eine Hochalm, die in einem imposanten Talkessel zwischen Karneitschenhöhe, Gurpitscheck und Karnereck liegt. Knapp über der Baumgrenze sind die Berge zum Greifen nahe, die Blütenfülle einfach begeisternd. Rund um die Hütten findet jeder seinen Lieblingsplatz um zu rasten, zu schauen, einfach die Ruhe zu genießen ...

Ausgangspunkt: Hinterweißpriach, 1114 m. Von Weißpriach ca. 2 km taleinwärts bis zu einer kleinen Kapelle direkt an der Straße, Markierungstafel, Parkmöglichkeit, Bushaltestelle »Hinterweißpriach Ort«.
Anforderungen: Bis zum Karnersee leichte Bergwanderung, auch für Kinder problemlos. Der Aufstieg zum Karnereck ist steil und ausgesetzt und verlangt Trittsicherheit.
Einkehr: Keine; die Karneralm ist unbewirtschaftet.
Variante: Eine großzügige Tagestour führt von der Karneralm in ca. 2.30 Std. auf dem markierten Weg Nr. 761 auf das Große Gurpitscheck (2526 m) und weiter, wie in Tour 9 beschrieben, zur Granglerhütte und mit dem Tälerbus zurück zum Ausgangspunkt in Hinterweißpriach.

Blick vom Karnereck zum Hochgolling mit der Gollingscharte.

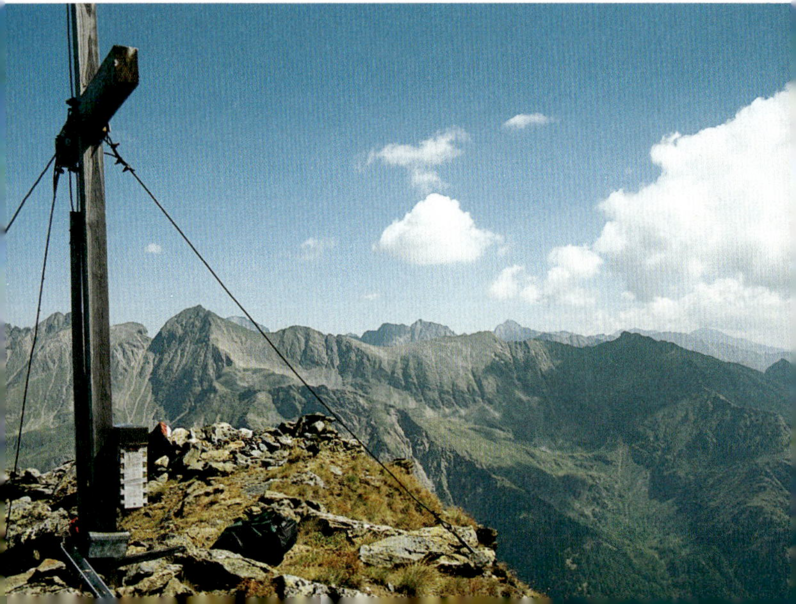

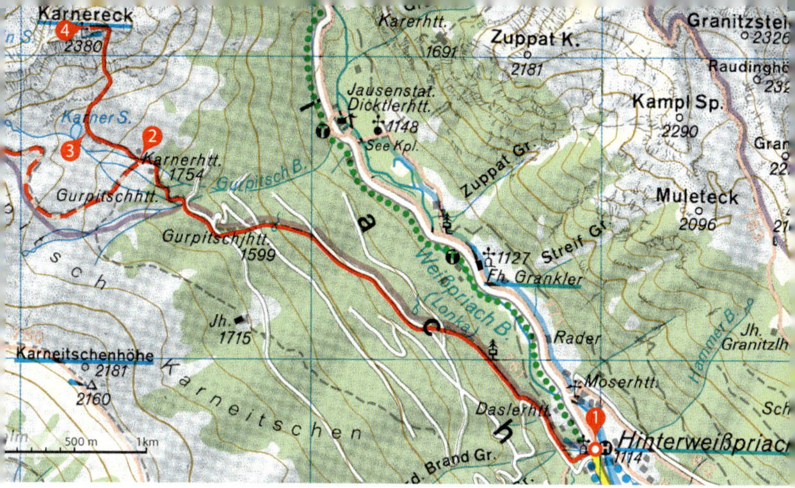

Bei der Markierungstafel in **Hinterweißpriach** ❶, 1114 m, beginnt an der Westseite des Weißpriachtales der AV-Weg 761. Man kann bequem die Aufschließungsstraße nehmen oder der Markierung folgend über den alten Almweg aufsteigen, der allerdings wesentlich steiler ist. Die schlecht markierte Abzweigung bei der ersten großen Linkskurve ist leicht zu übersehen! Knapp vor der Karnerhütte gilt es noch den Gurpitschbach zu überqueren, was im Frühsommer zu einem kleinen Problem werden kann. Wenige Minuten später ist die **Karneralm** ❷, 1754 m, inmitten eines weiten Talbodens erreicht. Wer noch höher hinauswill, folgt dem Weg in Richtung Karnereck und gelangt nach etwa 30 Minuten zum lieblich gelegenen kleinen **Karnersee** ❸, 1855 m, direkt unter dem mächtigen Großen Gurpitscheck. Der weitere Aufstieg auf das **Karnereck** ❹, 2380 m, ist wegen der steilen Grashänge und einiger schrofiger und ausgesetzter Passagen nur trittsicheren Bergsteigern vorbehalten.
Der Rückweg erfolgt über den Aufstiegsweg.

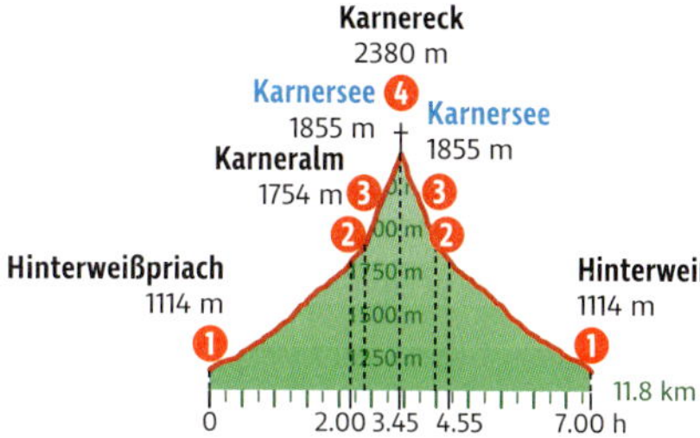

↗ 820 m | ↘ 820 m | 15.2 km

11 Lignitzhöhe, 2205 m

4.45 h

Stiller Bergsee in einer wuchtigen Felslandschaft

Das Lignitztal nördlich von Mariapfarr zählt zu den ganz einsamen und weithin unberührtesten Tälern im Lungau. Von seiner schönsten Seite zeigt es sich im Herbst, wenn die unzähligen goldgelben Lärchen im milden Licht der letzten Sonnenstrahlen feurig glänzen. Die riesigen Felsbrocken, die im obersten Teil des Tales die weiten Almböden übersäen, stammen von einem gewaltigen Felssturz, der vor etwa 300 Jahren den westseitigen Hundstein um einiges verkleinerte.

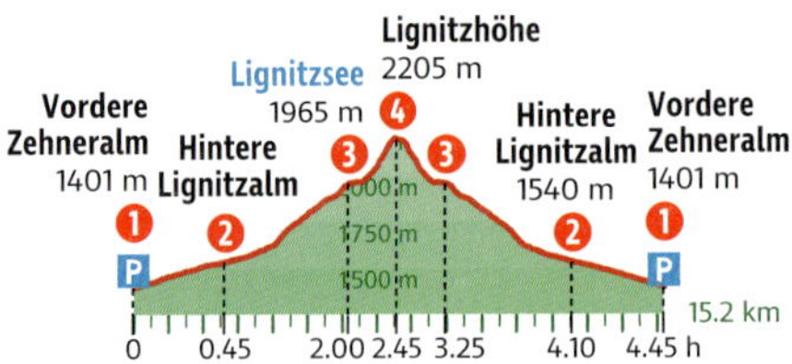

Ausgangspunkt: Vordere Zehneralm am Eingang des Lignitztales, 1401 m, Parkmöglichkeit am Ende der Asphaltstraße, kleiner Parkplatz auch bei der Schranke. Anfahrt von Mariapfarr, 1119 m, in Richtung Göriach, nach ca. 1,5 km links nach Zankwarn und Pürstlmoos, knapp hinter dem ehem. Gasthaus Granitzl in Grabendorf rechts ins Lignitztal.
Anforderungen: Einfache Bergwanderung bis zum Lignitzsee. Der Aufstieg zur Lignitzhöhe verlangt Trittsicherheit.

Bezaubernde Bergeinsamkeit im Lignitztal.

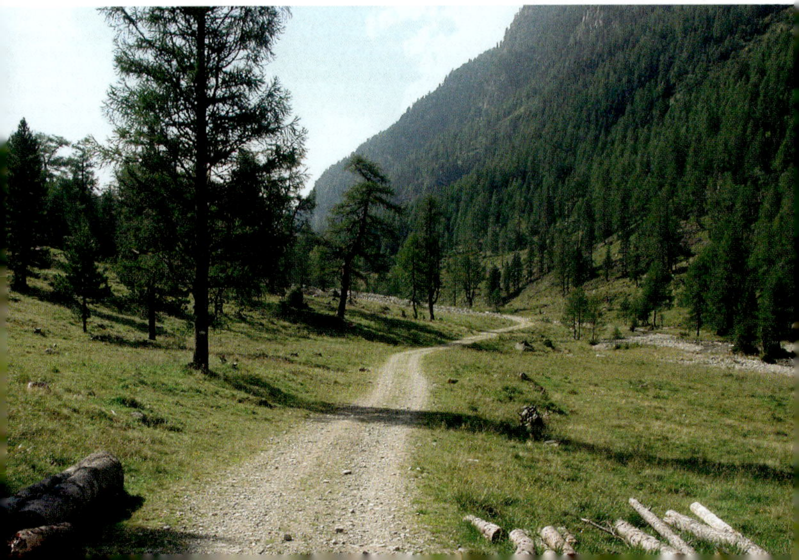

Einkehr: Keine Möglichkeit.
Variante: Von Zankwarn zu Fuß zum Ausgangspunkt auf dem sehr schönen Weg 35 und weiter auf Weg 774 zur Hinteren Lignitzalm in insg. 2.45 Std.

Von der **Vorderen Zehneralm** ❶, 1401 m, wandert man auf der markierten Almstraße Nr. 774 fast eben im Landschaftsschutzgebiet Niedere Tauern zwischen ausgedehnten Almweiden und immer vom Lignitzbach begleitet, zur privaten **Hinteren Lignitzalm** ❷, 1540 m. Die herbe Schönheit auf dem aussichtsreichen Weg ist diese Mühe aber allemal wert.
Weiter taleinwärts zweigt nach etwa 20 Min. der Weg auf das 2638 m hohe Hocheck ab, das allerdings nur geübten Bergsteigern vorbehalten ist, weil die Markierung auf halbem Weg plötzlich endet. Nach weiteren 20 Min. folgt rechts die gut markierte Abzweigung zum Lignitzsee. Zuerst etwas steiler durch den Hochwald, dann über eine freie Almwiese mit vereinzelten Lärchen und Zirben, immer die Lignitzhöhe am Talschluss im Blick. Noch einmal eine kleine Steigung und der liebliche **Lignitzsee** ❸, 1965 m, liegt unvermutet da.
Nun rechts am See entlang zum teilweise etwas feuchten Aufstieg zur **Lignitzhöhe** ❹, 2205 m, genau an der Grenze zwischen Salzburg und der Steiermark. Hier sollte man sich allein der wunderbaren Aussicht wegen eine längere Rast gönnen. Dominierend im Norden die Schladminger Tauern und der Dachstein, tief unten mehrere kleinere und größere Seen.
Der Abstieg erfolgt auf dem Hinweg.

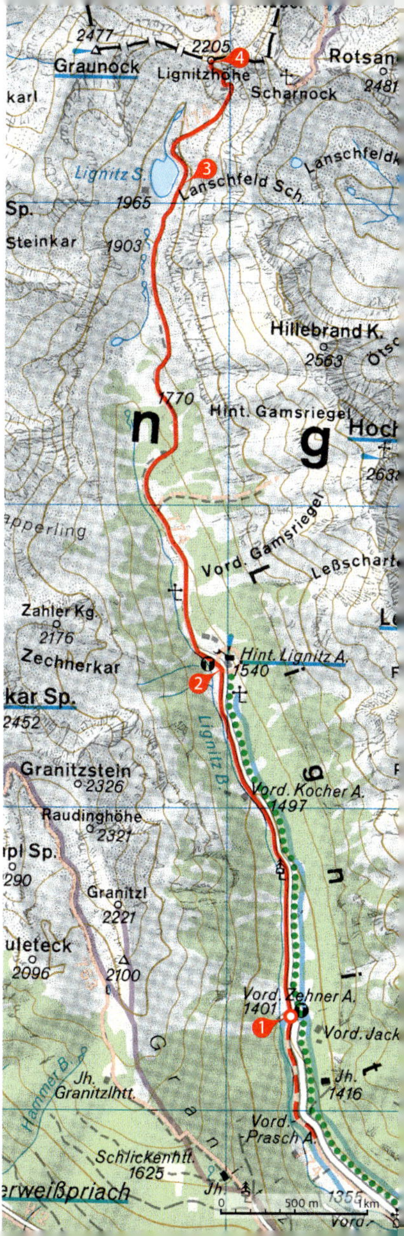

↗ 1100 m | ↘ 1100 m | 13.0 km

12 Zechnerkarspitze, 2452 m

5.30 h

Schöne Hochgebirgswanderung auf eine markante Felsnase

Diese zünftige Hochgebirgstour verlangt schon einiges an Kondition, geht es doch zwei Mal recht zügig bergauf. Die Aussicht auf die umliegenden Gebirgszüge lässt die Strapazen allerdings rasch vergessen. Entlang der Forststraße sorgt ein von Schulkindern gestalteter Waldlehrpfad für willkommene Abwechslung und die vielen Lupinen entlang des Weges erfreuen mit ihrer Farbenpracht. Ein mächtiges Kreuz und ein Altar bei der Granitzlhütte zeigen an, dass hier regelmäßig Bergmessen gefeiert werden.

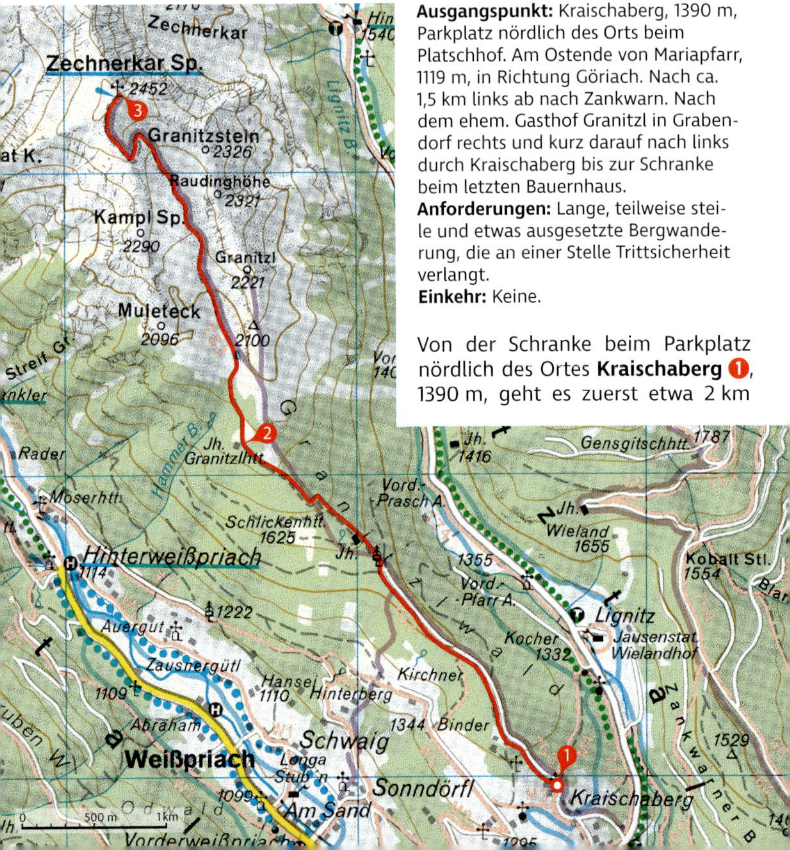

Ausgangspunkt: Kraischaberg, 1390 m, Parkplatz nördlich des Orts beim Platschhof. Am Ostende von Mariapfarr, 1119 m, in Richtung Göriach. Nach ca. 1,5 km links ab nach Zankwarn. Nach dem ehem. Gasthof Granitzl in Grabendorf rechts und kurz darauf nach links durch Kraischaberg bis zur Schranke beim letzten Bauernhaus.
Anforderungen: Lange, teilweise steile und etwas ausgesetzte Bergwanderung, die an einer Stelle Trittsicherheit verlangt.
Einkehr: Keine.

Von der Schranke beim Parkplatz nördlich des Ortes **Kraischaberg** ❶, 1390 m, geht es zuerst etwa 2 km

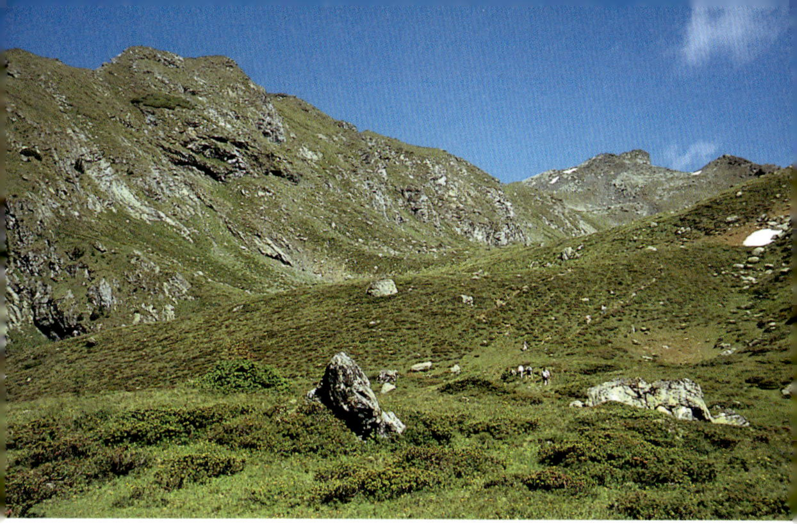

Durch das herrliche Hochtal führt der Weg auf die Zechnerkarspitze.

recht gemütlich auf einer rot-weiß markierten Forststraße mit der Nr. 763 taleinwärts bis zum Ehrenreichmarterl. Hier beginnt der steile Ziehweg durch den Wald zur **Granitzlhütte** ❷, 1820 m. Rechts an der Hütte vorbei führt der Steig durch ein langes blumenreiches und fast ebenes Hochtal mit vielen kleinen Tümpeln, die mächtige Zechnerkarspitze immer vor Augen. Ein letzter steiler Aufschwung hinauf zum Grat und – manchmal etwas ausgesetzt – in wenigen Minuten zum Gipfelkreuz der **Zechnerkarspitze** ❸, 2452 m. Besonders beeindruckend ist der Blick zum 2862 m hohen Hochgolling im Nordosten. Tief unten im Westen das Weißpriachtal, im Osten das Lignitztal mit den beiden großen Hütten der Lignitzalmen. Der vom Gipfel nach Norden führende unmarkierte Steig zum ca. 150 m höheren Hundstein ist nur erfahrenen Bergsteigern zu empfehlen.
Der Abstieg erfolgt auf dem Aufstiegsweg.

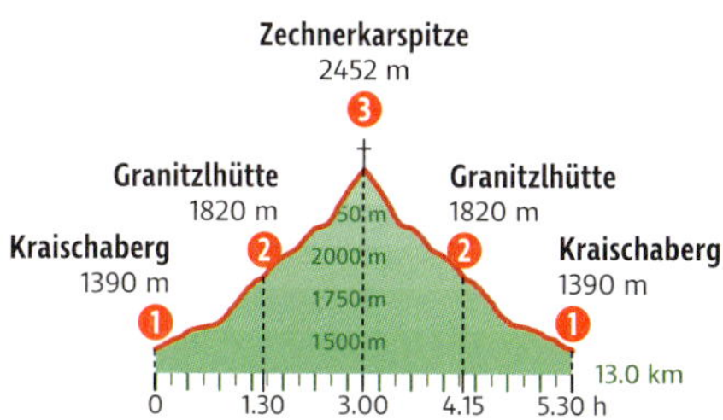

↗ 1400 m | ↘ 1400 m | 21.8 km

13 Leßhöhe, 2490 m

7.15 h

Aussichtsreiche Höhenwanderung für ambitionierte Geher

Bei dieser Wanderung sind besonders zwei große Steine kurz oberhalb der Gensgitschhütte bemerkenswert. Es sind sogenannte Findlinge, zwei Quarzitbrocken, die vor Urzeiten mit dem Gletscher aus dem Tauernhauptkamm hierher gelangten und nach dem Abschmelzen des Eises liegen geblieben sind.

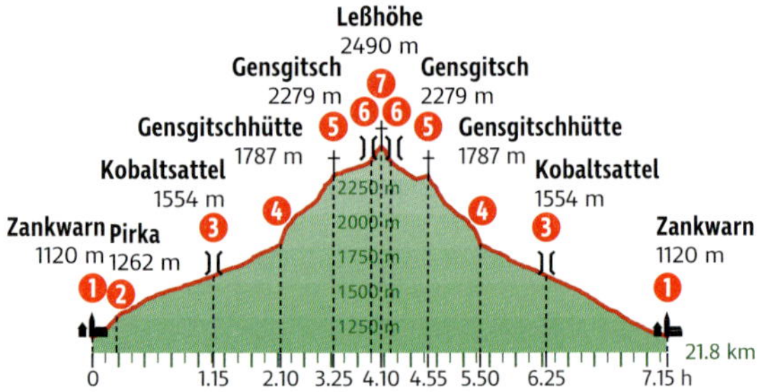

Ausgangspunkt: Zankwarn, 1120 m, ca. 1,5 km nördlich von Mariapfarr. Parkmöglichkeit im Ort und bei der Wegteilung des Weges Nr. 36. Bushaltestelle »Mariapfarr Abzw. Zankwarn« rund 5 Gehminuten entfernt.
Anforderungen: Bis zur Gensgitsch leichte Bergtour auf guten Wegen, weiter zur Leßhöhe schrofig und steil.
Einkehr: Keine; die Gensgitschhütte ist nicht bewirtschaftet.

Variante: Vom Göriachtal führt der Weg 22 ebenfalls zum Kobaltsattel. Ausgangspunkt ist ein kleiner Parkplatz, der taleinwärts von Hintergöriach wenige Hundert Meter nach einem markanten Jagdhaus liegt. Links über die Brücke, vorbei am Moargut, Aufstieg durch den Wald (»Moarbergsteig«, 1 Std.).
Tipp: Bei einem Spaziergang durch Zankwarn entdecken wir einige gut erhaltene bunte »Troadkästen« (Getreidekästen).

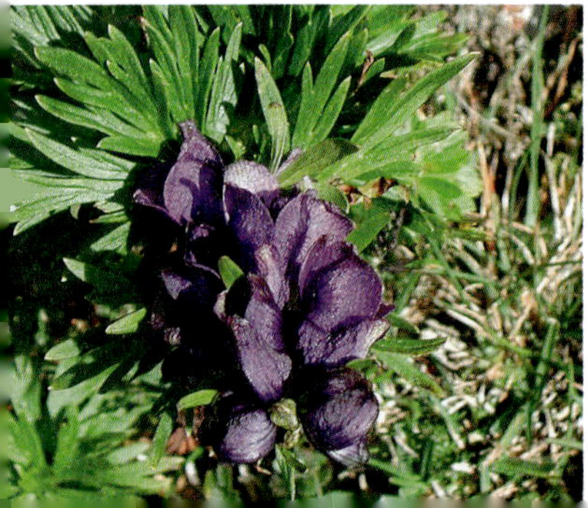

Von der Dorfstraße in **Zankwarn** ❶, 1120 m, zweigt der Weg 36 ab, der sich bald in zwei Äste teilt. Beide Wege mit der Nr. 36 führen zur privaten Gensgitschhütte und lassen sich zu einer netten Rundwanderung verbinden. Der rechte (östliche) Ast geht rasch in einen kleinen Wiesenweg am Rande des

Der sehr giftige Eisenhut.

Waldes über und trifft auf die Asphaltstraße durch den kleinen Weiler **Pirka** ❷, 1262 m. Bei der letzten großen Linkskurve im Ort verlässt man die Straße und kommt immer leicht steigend zum unbedeutenden **Kobaltsattel** ❸, 1554 m. Der Name deutet wohl auf ein ehemaliges Bergwerk hin, von dem allerdings nichts mehr vorhanden ist.

Bald macht die bequeme Aufschließungsstraße eine Rechtskurve und führt im großen Bogen zur **Gensgitschhütte** ❹, 1787 m. (Etwa 15 Min. kürzer, aber wesentlich steiler geht es über den alten Almweg, der geradeaus weiter in den Wald führt, mehrmals die Straße kreuzt und noch schwach rot markiert ist. Bei einer großen Almwiese trifft er wieder auf die Straße, der man nach rechts folgt, um nach wenigen Hundert Metern ebenfalls die Gensgitschhütte zu erreichen.)

Über weite Almwiesen geht es auf einem kleinen Steiglein etwas steiler auf die **Gensgitsch** ❺, 2279 m, die ein einfaches Holzkreuz krönt, unter dem sich die Gläubigen zu Bergmessen versammeln. Hier ist ausreichend Platz für eine gemütliche Rast und um das prachtvolle Panorama auf sich wirken zu lassen. Der weitere Weg auf die Leßhöhe ist erfahrenen Bergsteigern vorbehalten. Nordwärts über einen Felskamm, hinunter in ein kleines Schartl, wieder aufwärts zur **Falterscharte** ❻, 2385 m, und über schrofiges Gelände steil zum Gipfel der **Leßhöhe** ❼, 2490 m.

Der Rückweg erfolgt bis zum **Kobaltsattel** ❸. Nach etwa 15 Minuten zweigt der Weg 36 rechts ab, führt recht abwechslungsreich durch den Wald und über blumenreiche Wiesen und trifft knapp vor Zankwarn wieder auf den Aufstiegsweg. Auf diesem zurück nach **Zankwarn** ❶.

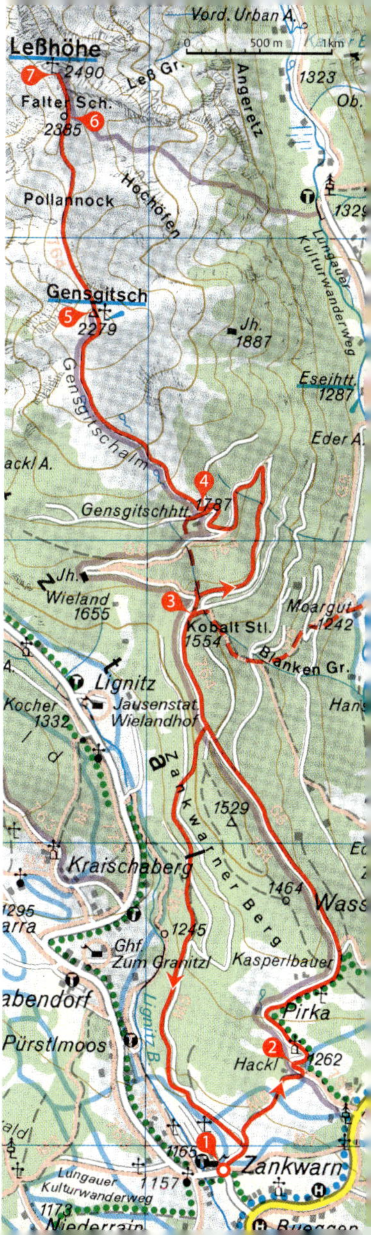

↗ 650 m | ↘ 650 m | 11.7 km

14 Landwierseen, 1985 m und 2047 m

4.30 h

Entlang der mächtigen Abstürze des Hochgolling

Gleich hinter dem Parkplatz im Göriachtal eröffnet sich auf dem weiten Talboden ein idyllisches Hüttendorf, das in dieser Art wohl einzigartig ist. Neun Bauern haben hier ihre lawinensicheren Almhütten, die jetzt allerdings zum großen Teil verpachtet sind oder – wie die Hansalhütte – zur gemütlichen Einkehr laden. Am Ende des Göriachtals treffen wir auf zwei idyllische Bergseen. Einheimische sagen durchweg Landwierseen, die offizielle Hüttenbezeichnung kennt aber nur Landawirseen. Ob so oder so: Eine Wanderung zum Genießen!

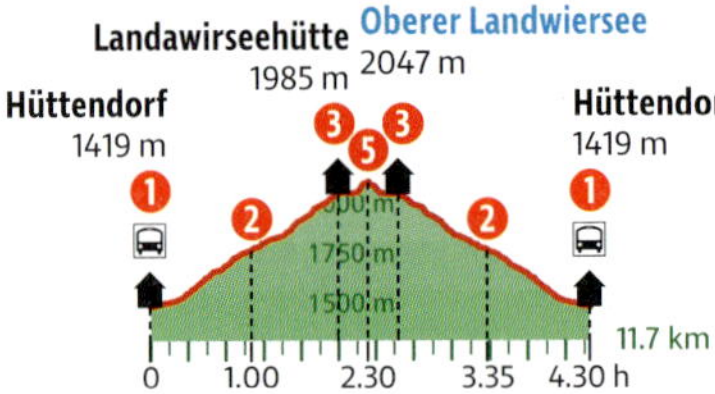

Ausgangspunkt: Hüttendorf, 1419 m, ca. 6,5 km von Hintergöriach, 1210 m, taleinwärts. Parkplatz, Endstation des Tälerbusses.
Anforderungen: Einfache Bergwanderung.
Einkehr: Hansalhütte im Hüttendorf, Tel. +43 664 113 0080, hansalgut.com, Anfang Juni bis Anfang Okt.; Landawirseehütte, AV, Tel. +43 676 778 5375, landawirseehütte.com, Anfang Juni bis Ende Sept., Nächtigung.
Variante: In der großen Linkskurve im Talschluss rechts in die gut markierte Gollingscharte (Weg Nr. 702) aufsteigen, auf halber Höhe links auf Weg 02 A in Richtung Trockenbrotscharte und Abstieg zur Landawirseehütte. Nur für sehr erfahrene und trittsichere Bergsteiger bei trockenen, schneefreien Wegen (ca. 1.45 Std.).

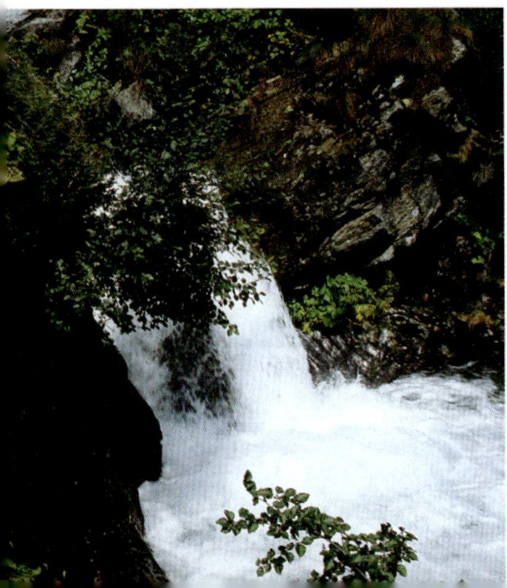

Nach dem **Hüttendorf** 1, 1419 m, führt die Forststraße mit der Nr. 775 zuerst noch eben über den Bach und steigt dann an einem wild rauschenden Wasserfall vorbei zur Vorderen und **Hinteren Zugriegelalm** 2, 1704 m, zügig bergauf (beide unbewirtschaftet). Nun wieder wesentlich gemütlicher, führt der Weg durch das breite Hochtal direkt auf den Zwerfenberg und die Sandspitze zu, die den gewaltigen Talschluss bilden. Rechts oben

Der Wasserfall unter der Zugriegelalm, ein beliebtes Fotomotiv.

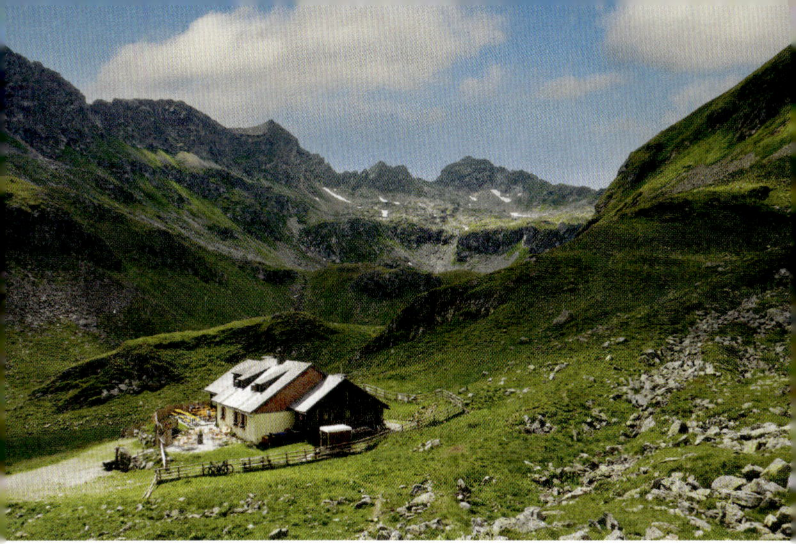

Die Landawirseehütte, dahinter (noch versteckt) die beiden Seen.

grüßt das Gipfelkreuz am 2862 m hohen Hochgolling. Nach einer weiten Linkskurve taucht hinter einigen Felsrippen die **Landawirseehütte** ❸, 1985 m, der Sektion Lungau des Österreichischen Alpenvereins auf.

Etwas unterhalb der Hütte führt ein Steig zum nahen **Unteren Landwiersee** ❹, 1985 m. Über eine kurze unschwierige Steilstufe erreicht man schließlich den etwas größeren **Oberen Landwiersee** ❺, 2047 m, inmitten einer prachtvollen Felskulisse. Nach einer wohlverdienten Rast in der gemütlichen Alpenvereinshütte geht es auf demselben Weg zurück ins **Hüttendorf** ❶.

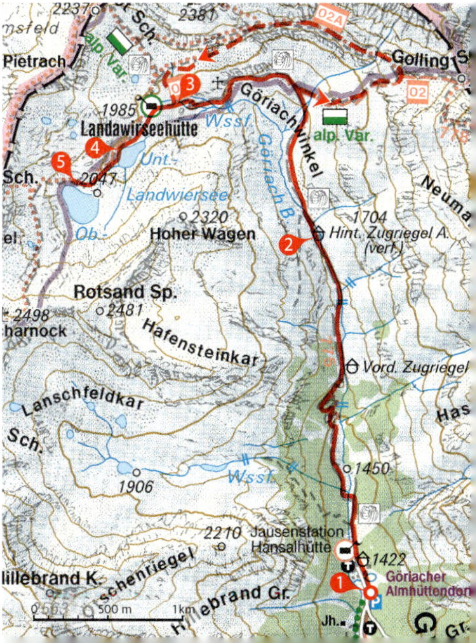

TOP

15 Hochgolling, 2862 m

↗ 1450 m | ↘ 1450 m | 13.9 km

8.00 h

Aufstieg zum höchsten Berg der Niederen Tauern

Ziel dieser langen und wohl auch schwierigsten Tour dieses Wanderführers ist der weithin sichtbare Hochgolling im Göriachwinkel. Ist der Anstieg zur Gollingscharte mit steilen 500 Höhenmetern schon recht kräfteraubend, so folgen noch einmal gut 500 Höhenmeter zum Gipfel des höchsten Berges der Niederen Tauern, die auch einige Kletterstellen (Schwierigkeitsgrad I) bereithalten. Ausdauernde, trittsichere und schwindelfreie Wanderer erwartet allerdings ein Panorama, das kaum noch zu überbieten ist.

Ausgangspunkt: Hüttendorf, 1419 m, etwa 6,5 km von Hintergöriach, 1210 m, taleinwärts. Parkplatz, Endstation des Tälerbusses.
Anforderungen: Sehr anstrengende, hochalpine Tour mit einigen Kletterstellen (I). Nur für trittsichere und schwindelfreie Bergsteiger.
Einkehr: Hansalhütte im Hüttendorf, Tel. +43 664 113 0080, hansalgut.com, Anfang Juni bis Anfang Okt.; Landawirseehütte, AV, Tel. +43 676 778 5375, landawirseehütte.com, Anfang Juni bis Ende Sept., Nächtigung (etwas abseits der Route).
Variante: Weniger erfahrene Geher können gefahrlos bis zur Gollingscharte aufsteigen. Die Aussicht ist auch von diesem viel begangenen Übergang zur Gollinghütte (1641 m) schon beeindruckend.
Tipp: Eventuell als Zweitagestour mit Übernachtung in der Landawirseehütte.

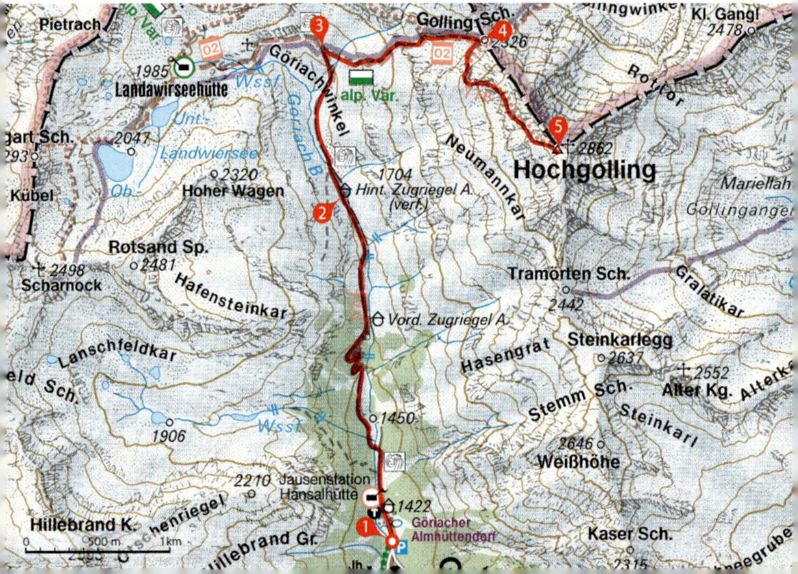

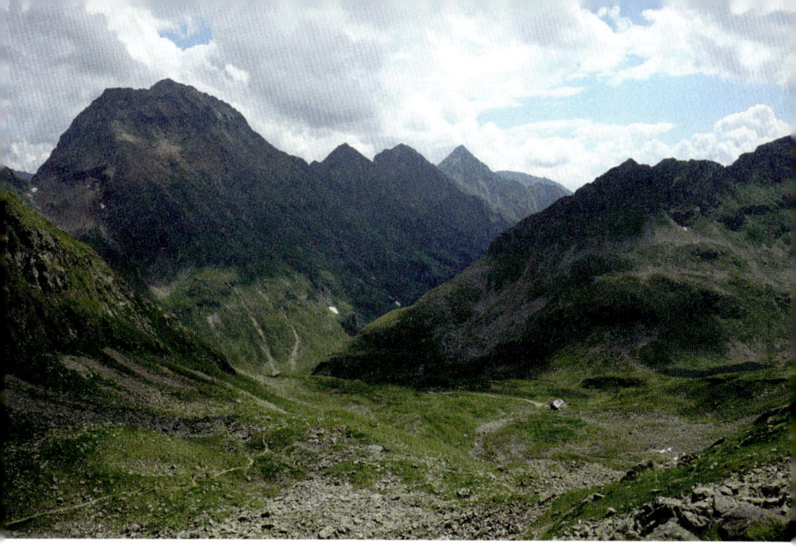

Links der mächtige Hochgolling, rechts die Landawirseehütte.

Vom Parkplatz im **Hüttendorf ❶**, 1419 m führt der Weg Nr. 775 bis zum Talschluss wie in Tour 14 beschrieben. In der großen Linkskurve zweigt der Tauern-Höhenweg Nr. 702 deutlich markiert zur Gollingscharte und auf den Hochgolling ab ❸, 1833 m. Ziemlich direkt und steil zieht das Steiglein zur Scharte empor. Kurz vor dem letzten Aufschwung zweigt links (westlich) ein Weg zur Landawirseehütte ab (nur für sehr trittsichere und erfahrene Wanderer bei trockenem Wetter und schneefreien Verhältnissen!).

Auf der **Gollingscharte ❹**, 2326 m, trennen sich die Wege. Der Tauern-Höhenweg führt abwärts zur Gollinghütte in der Steiermark, rechts steigt Weg Nr. 778 an der Westflanke zum Hochgolling auf. Gleich zu Beginn geht es recht luftig um eine Felsnase, ein erster Eindruck, was den Bergsteiger auf den nächsten 500 Höhenmetern erwartet. Das Gehgelände wechselt immer wieder mit Felspassagen, bei denen auch manchmal die Hände zupacken müssen, um zum Gipfel des **Hochgolling ❺**, 2862 m, zu gelangen.

Der Abstieg erfolgt wie der Aufstieg oder klingt mit einem Besuch in der nahen Landawirseehütte gemütlich aus.

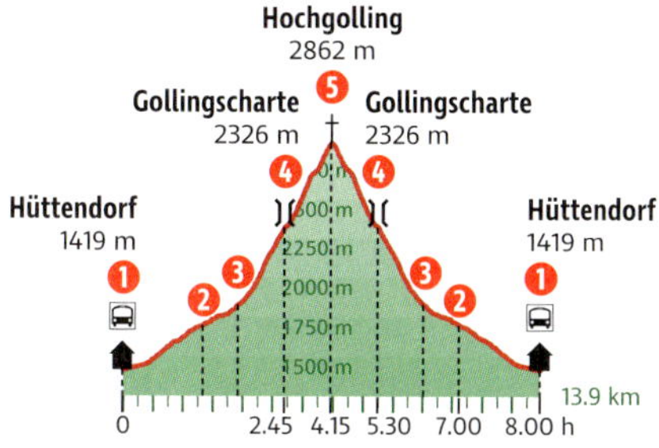

↗ 550 m | ↘ 550 m | 9.6 km

16 Gralatisee, 1816 m

4.15 h

Idyllisches Kleinod im Lessachtal

Im Lessachtal gibt es eine Fülle von Bergseen. Diese Wanderung führt zu einem der kleinsten, der zudem noch etwas versteckt liegt. Naturbeobachter werden hier voll auf ihre Rechnung kommen. Verwachsene Almweiden wechseln mit totholzreichen Wäldern und ausgedehnten Sumpfwiesen. Ringdrosseln und Birkenzeisige sind hier noch häufig anzutreffen und an ihrem typischen Gesang leicht zu erkennen.

Ausgangspunkt: Laßhoferalm, 1270 m, großer Parkplatz und Haltestelle Tälerbus. In der Ortsmitte von Lessach, 1198 m, links und nach wenigen Metern bei der Touristeninfo, gegenüber der Pfarrkirche, rechts halten, ca. 5 km Mautstraße ab Lessach.
Anforderungen: Genussvolle Bergtour. Bei Nässe im oberen Teil ab dem Talkessel meist recht rutschig. Trittsicherheit erforderlich!
Einkehr: Unterwegs keine. Laßhoferalm, Tel. +43 664 141 9820, feriendorf-edelweiss.com/die-lasshofer-alm, geöffnet Anfang Juni bis Ende Sept., Mo Ruhetag.
Variante: Abseits der Mautstraße führt ab der Mautstelle ein fast ebener Wanderweg meist durch den Wald zur Laßhoferalm, 1.15 Std.

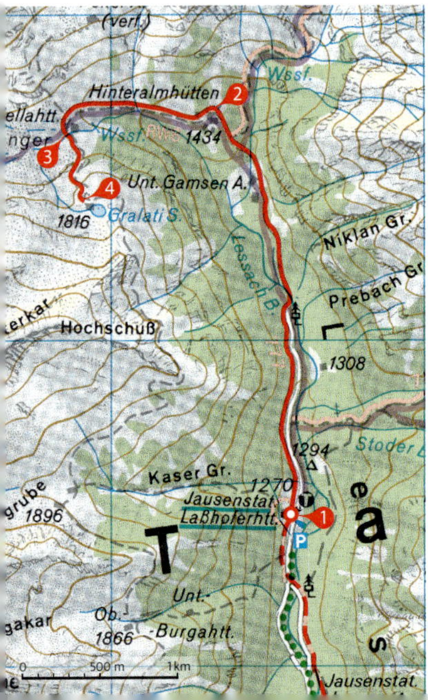

Von der **Laßhoferalm** ❶, 1270 m, führt der markierte Weg Nr. 777 nordwärts weiter in das Lessachtal. Bei den privaten **Hinteralmhütten** ❷, 1434 m, zweigt der Weg zum Gralatisee links – westlich – ab und wird um einiges steiler. Bald beherrscht ein gewaltiger Wasserfall die hochalpine Szenerie. Weiter geht es in einen romantischen Kessel, in den wiederum mehrere Wasserfälle stürzen, deren Bäche eine ausgedehnte Niedermoorlandschaft bilden.
Über eine **Holzbrücke** ❸, 1650 m, und durch dichtes Strauchwerk geht es zügig zum kleinen herzförmigen **Gralatisee** ❹, 1816 m, direkt unter den Ostabstürzen des 2862 m hohen Hochgolling. Die zahlreichen kleinen Hügel rund um den See laden zur gemütlichen Rast inmitten einer beeindruckenden Gipfelkette ein. Der Abstieg verläuft wie der Aufstieg.

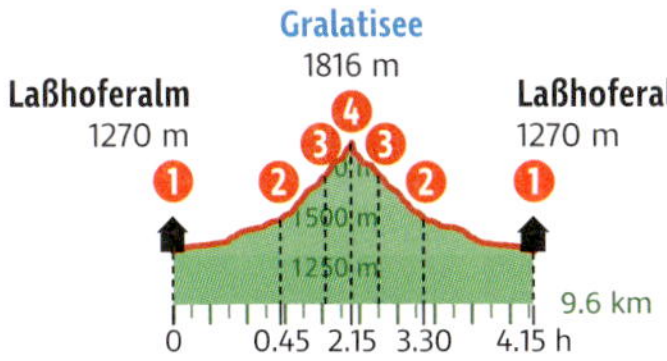

Vom Gralatisee stürzt das Wasser ins Lessachtal.

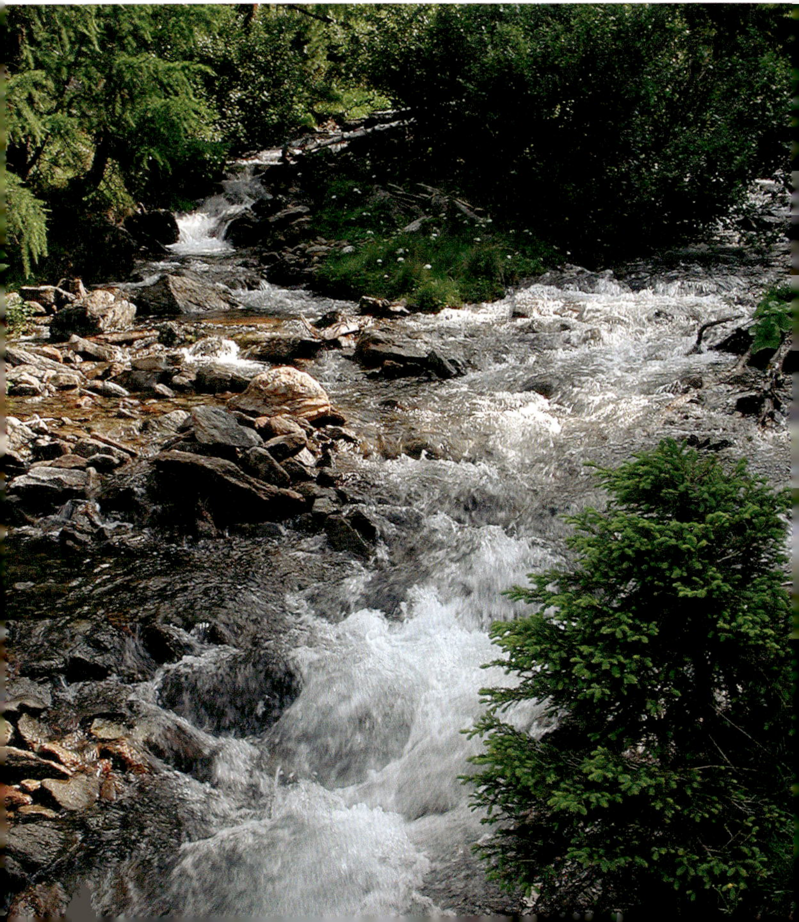

TOP

↗ 1350 m | ↘ 1350 m | 16.0 km

17 Greifenberg, 2618 m

8.30 h

Im Tal der Wasserfälle

Der Lungauer und der Steirische Klafferkessel zählen zu den schönsten Teilen der Schladminger Tauern. Der Aufstieg zum Zwerfenbergsee führt durch eine grandiose Felskulisse zwischen Hochgolling und dem imposanten Waldhorn. Dazu kommen viele Wasserfälle, die in oft mächtigen Kaskaden zu Tal stürzen.

Ausgangspunkt: Laßhoferalm, 1270 m, großer Parkplatz und Haltestelle Tälerbus. In der Ortsmitte von Lessach, 1198 m, links und nach wenigen Metern bei der Touristeninfo, gegenüber der Pfarrkirche, rechts halten, ca. 5 km Mautstraße ab Lessach.
Anforderungen: Bis zum Lungauer Klaf-

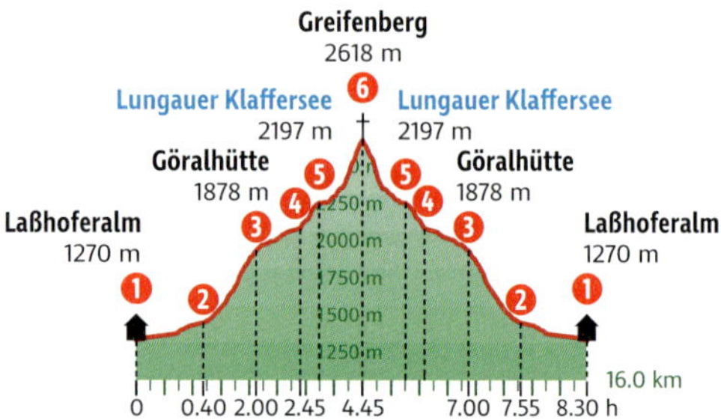

Die schindelgedeckte Göralhütte vor dem Hochgolling.

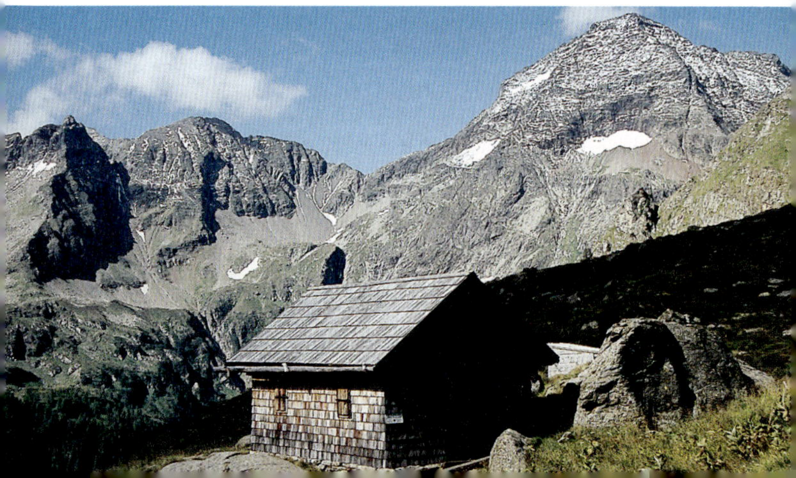

fersee teilweise steile Bergwanderung, zum Gipfel steil über Geröll.

Einkehr: Unterwegs keine. Laßhoferalm, Tel. +43 664 141 9820, feriendorf-edelweiss.com/die-lasshofer-alm, geöffnet Anfang Juni bis Ende Sept., Mo Ruhetag.

Varianten: 1. Abseits der Mautstraße führt ab der Mautstelle (Parkplatz) kurz nach Lessach ein fast ebener Wanderweg zur Laßhoferalm, 1.15 Std.

2. Vom Zwerfenbergsee rechts über die Breite Scharte und Oberen Klaffersee auf den Greifenberg, 1.30 Std. Nur für geübte Geher!

3. Der Weg von der Breiten Scharte ostwärts zum Waldhorntörl, 2283 m, ist eher unschwierig, der Aufstieg zum 2702 m hohen Waldhorn wegen einiger ausgesetzter Stellen jedoch nur für trittsichere und erfahrene Wanderer.

Von der **Laßhoferalm** ❶, 1270 m, auf der Forststraße Nr. 777 zur **Unteren Gamsenalm** ❷, 1390 m, und über den Lessachbach bis zu einer Hinweistafel. Rechts – nördlich – auf dem Wiesenweg entlang des Zwerfenbergbaches mit seinen zahlreichen Wasserfällen zügig hinauf (eine Seilsicherung) zur **Göralhütte** ❸, 1878 m, und vorbei an der verfallenen Oberen Gamsenalm. Über breite Almböden und kleinere Geländestufen geht es dem herrlichen **Zwerfenbergsee** ❹, 2024 m, zu, in dem sich die umliegenden Gipfel spiegeln. Kurz an der linken Seeseite weiter, links empor und über Blockgestein zum **Lungauer Klaffersee** ❺, 2197 m. Weiter an der rechten Seeseite bis zur deutlich markierten Abzweigung auf den Greifenberg. Aufstieg zuerst steil über Geröll, dann durch eine Rinne zur Oberen Klafferscharte und nach links zum Gipfel des **Greifenberg** ❻, 2618 m.

Der Rückweg erfolgt wie der Aufstieg.

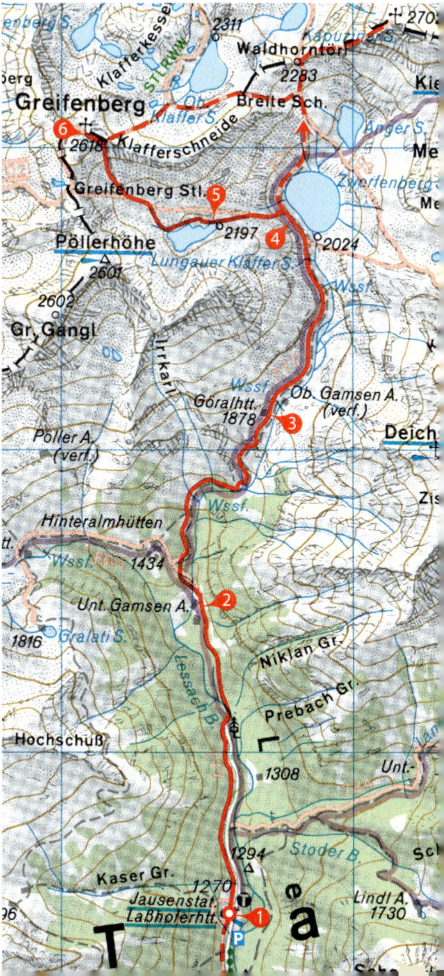

↗ 880 m | ↘ 880 m | 12.8 km

18 Landschitzseen, 1778 m, 1937 m und 2060 m

5.15 h

Drei Seen in einem wildromantischen Talkessel

Im Lessachtal scheinen die vielen Seen um die Gunst der Wanderer zu kämpfen. Der eine versucht es mit seiner Abgeschiedenheit, ein anderer mit der Lage in einem imposanten Talkessel. Die Landschitzseen protzen mit einem eher leichten Zustieg und damit, dass gleich drei Seen übereinander liegen.

Ausgangspunkt: Laßhoferalm, 1270 m, großer Parkplatz und Haltestelle Tälerbus. In der Ortsmitte von Lessach, 1198 m, links und nach wenigen Metern bei der Touristeninfo, gegenüber der Pfarrkirche, rechts halten, ca. 5 km Mautstraße ab Lessach.
Anforderungen: Lange, aber ungefährliche Bergwanderung auf teils steilen Wegen.
Einkehr: Unterwegs keine. Laßhoferalm, Tel. +43 664 141 9820, feriendorf-edelweiss.com/die-lasshofer-alm, geöffnet Anfang Juni bis Ende Sept, Mo Ruhetag.
Variante: Abseits der Mautstraße führt ein fast ebener Wanderweg ab der Mautstelle (Parkplatz) kurz nach Lessach zur Laßhoferalm, 1.15 Std.

Der Untere Landschitzsee im Spätherbst.

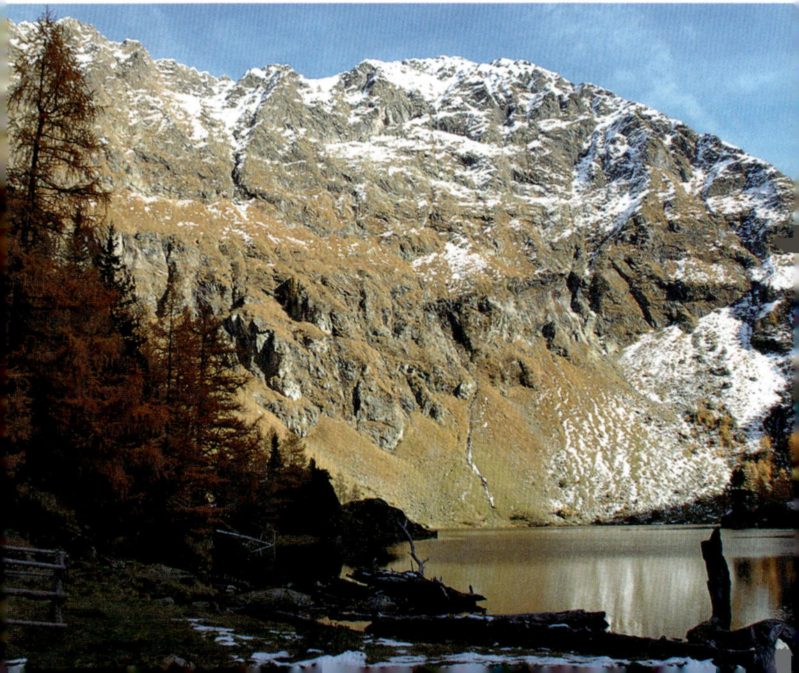

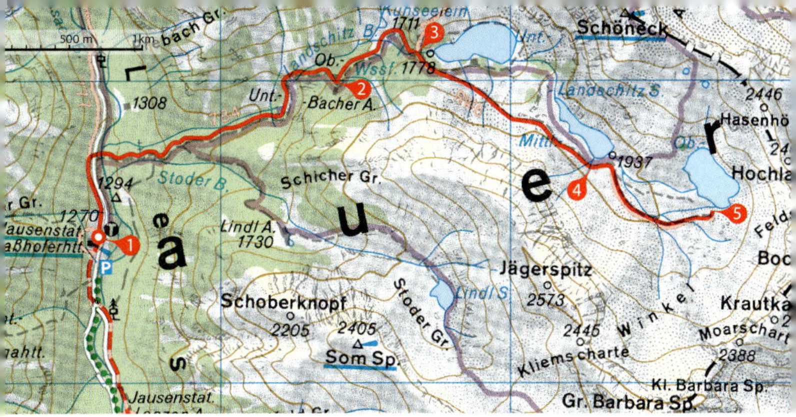

Vom Parkplatz bei der **Laßhoferalm** ❶, 1270 m, kurz taleinwärts auf Weg Nr. 777. Bei der ersten gut markierten Abzweigung rechts auf dem Weg Nr. 784 über eine kleine Brücke in Richtung Landschitzseen. Erster Höhepunkt auf dieser großartigen Wanderung ist ein wild tosender Wasserfall, den der Landschitzbach speist und der einem den manchmal recht mühsamen Weg zum Teil über Blockgestein bis zur nicht bewirtschafteten **Bacheralm** ❷, 1680 m, begleiten wird. Über einen weiten Talboden und vorbei an einem zweiten Wasserfall geht es kurz, aber zügig bergauf bis zu einer Abzweigung. Nach rechts unten gelangt man in wenigen Minuten zum **Unteren Landschitzsee** ❸, 1778 m. Der dunkle See, in dem sich die umliegenden Berggipfel spiegeln und dessen Ufer einige urige Baumstämme zieren, lädt zu einer kurzen Rast ein, bevor es über eine Brücke wieder ziemlich steil weitergeht. Plötzlich liegt einem der tief eingeschnittene zweite See zu Füßen. Erst führt der Weg gemächlich ein Stück an seiner rechten Seite bergab zum südöstlichen Ende des **Mittleren Landschitzsees** ❹, 1937 m, dann hinauf durch üppige Almrauschfelder zum **Oberen Landschitzsee** ❺, 2060 m. Das Ziel der Wanderung ist erreicht. Bei einer Umrundung des kleinen Sees wird jeder seinen Rastplatz mit der für ihn schönsten Aussicht finden.
Der Abstieg erfolgt über den Aufstiegsweg.

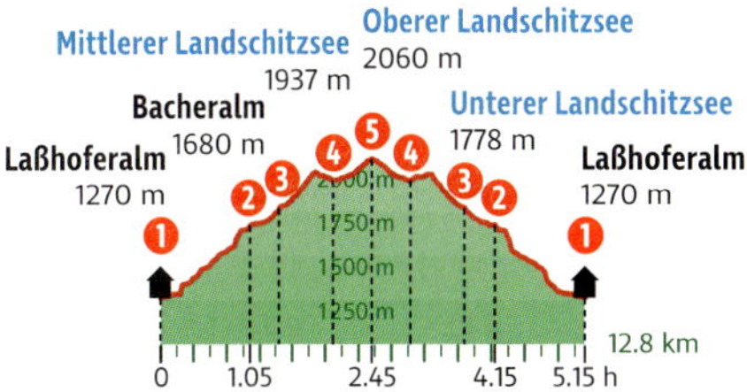

↗ 950 m | ↘ 950 m | 10.8 km

19 Gummaberg, 2315 m, und Granglitzalm, 1839 m

5.30 h

Spiel- und Spaßwanderung für Groß und Klein

Der großartige Aussichtsberg ist von mehreren Talorten leicht und gefahrlos erreichbar. Vom Gipfel öffnet sich das Panorama zu den höchsten Bergen des Lungaus und zu den dahinterliegenden Schladminger und Radstädter Tauern. Im Westen geht der Blick zu den Dreitausendern der Hohen Tauern und im Süden zu den Kärntner Nockbergen. Beim Aufstieg zum Gumma trifft man auf mächtige Steinkegel, über deren Sinn viele Wanderer immer wieder rätseln. Tatsächlich handelt es sich um eine recht effektive Lawinenverbauung, die in den späten 1950er-Jahren errichtet wurde.

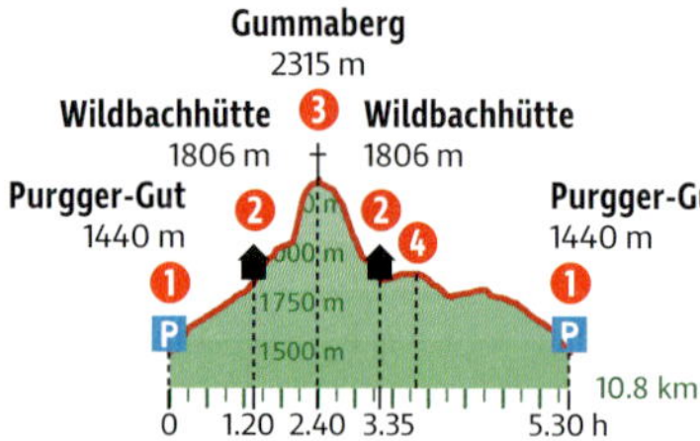

Ausgangspunkt: Purgger-Gut (auf der Karte als »Burga« bezeichnet), 1440 m. Kurz vor der Ortschaft Lessach bei den Hinweistafeln »Wildbachhütte« und »Erlebniswanderweg« links auf einer schmalen Straße zum kleinen Parkplatz »Erlebniswanderweg« kurz vor dem Purgger-Gut.

Anforderungen: Einfache Bergtour.

Einkehr: Wildbachhütte, Tel. +43 664 410 7513, Mitte Juni bis Mitte Sept., Nächtigung.

Die mächtigen Steinkegel schützen Lessach vor Lawinen.

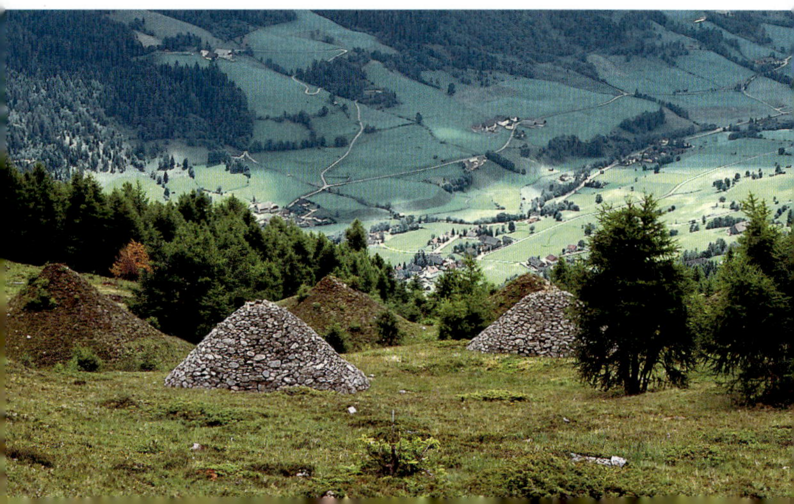

Varianten: 1. Wildbachhütte und Gummaberg sind auch von Vorder- und Hintergöriach über die Wege 20 und 21 erreichbar, die Gehzeit ist um ca. 45 Min. länger. Kurz vor der Wildbachhütte treffen die Wege zusammen.
2. Kreuzhöhe, 2566 m, nur für trittsichere Wanderer bei trockenem Wetter zu empfehlen. Der markierte Weg quert immer wieder steil abfallende Rasenhänge, die bei Nässe sehr rutschig sein können; 1.15 Std. vom Gummaberg. Der Einstieg ist knapp vor dem Gipfel des Gummaberges, dann westlich am Gipfel vorbei in die Gummascharte und neben dem Grat auf die Kreuzhöhe.

Beim **Purgger-Gut** ❶, 1440 m, beginnt der anfangs ziemlich steile, liebevoll gestaltete Kinder-Erlebnis-Wanderweg, für den mit Kindern etwa zwei Stunden einzuplanen sind, und der vor der **Wildbachhütte** ❷, 1806 m, endet. An abwechslungsreichen und lustigen Stationen erfahren große und kleine Kinder, dass wandern nicht immer langweilig sein muss. Wer den Gummaberg auslassen möchte, geht vor der Hütte mit Weg Nr. 21 direkt zur Granglitzalm.
Der mit Nr. 765 markierte Steig führt zuerst durch einen Lärchenwald und vorbei an massiven Steinkegeln in vielen Serpentinen aufwärts zum Wiesengrat, dann noch ein kurzes Stück zum Gipfelkreuz auf dem 2315 m hohen **Gummaberg** ❸. (Nach Norden weiter zur Kreuzhöhe, vgl. Variante 2.)
Dann auf demselben Weg zurück zur **Wildbachhütte** ❷ und mit Weg 21 fast eben durch einen schütteren Lärchenwald zur **Granglitzalm** ❹, 1839 m. Das liebliche Hüttendorf (keine Einkehrmöglichkeit) liegt auf einer prachtvollen Aussichtsterrasse, bei der einem das breite Taurachtal zu Füßen liegt. Nun der Fahrstraße abwärts folgend auf einen halblinks abzweigenden markierten Weg, der direkt auf den Aufstiegsweg trifft. Auf diesem zurück zum **Purgger-Gut** ❶.

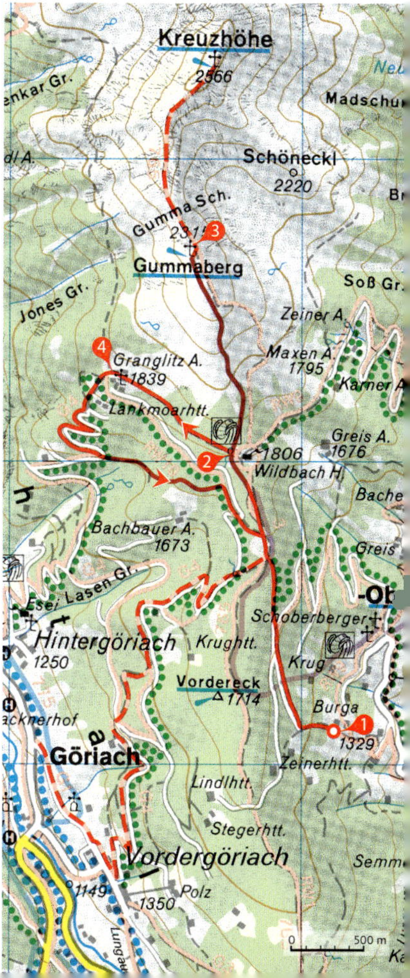

↗ 730 m | ↘ 730 m | 5.6 km

20 Lachriegel, 2132 m

3.00 h

Schnell erreichbarer Aussichtsberg

Wer schnell einen wunderbaren Aussichtsgipfel erreichen will, der sollte den mit einem großen Kreuz geschmückten Lachriegel hoch über dem Lessachtal anpeilen. Der Ausgangspunkt liegt schon bei 1400 m, und der doch recht steile Anstieg lässt nicht viel Zeit zum Erholen. Rasch ist man über der Baumgrenze und ein weites Panorama von den Lungauer Bergen bis zu den Hohen Tauern öffnet sich. Der Preber und das Roteck im Nordosten sowie der Hochgolling im Nordwesten sind zum Greifen nahe. Tief unten liegt der dunkle Prebersee und in der Ferne ist die St. Leonhardskirche in Tamsweg auszumachen. Etwa Anfang Juli, zur Zeit der Almrauschblüte (Alpenrose), wird diese Wanderung zu einem besonderen Erlebnis.

Ausgangspunkt: Wagenberg, 1402 m, Parkplatz. Am Ortsanfang von Lessach, 1198 m, halb rechts am Sportplatz vorbei, über den Lessachbach, dann links bis zum Ende des Güterweges Wagenberg.
Anforderungen: Leichte, aber teilweise steile Bergwanderung.
Einkehr: Keine.

Varianten: 1. Aufstieg von Lessach bis Wagenberg zu Fuß ca. 45 Min., 200 Hm zusätzlich.
2. Trittsichere Wanderer können weglos noch die nordöstlich gelegene Golzalm und über den Grat die Golzhöhe mit 2580 m besteigen. Für den recht schrofigen Aufstieg sind etwa 1.30 Std. einzuplanen.

Jenseits des Lessachtals der Hochgolling (links) und das Kasereck.

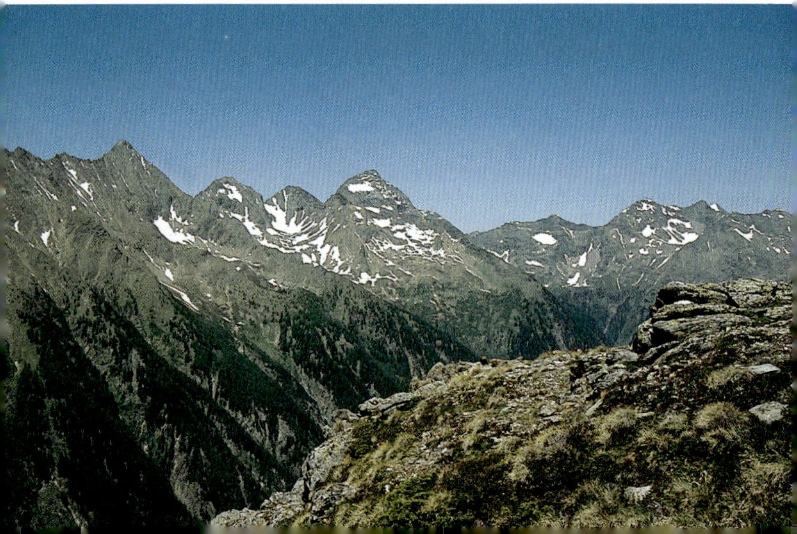

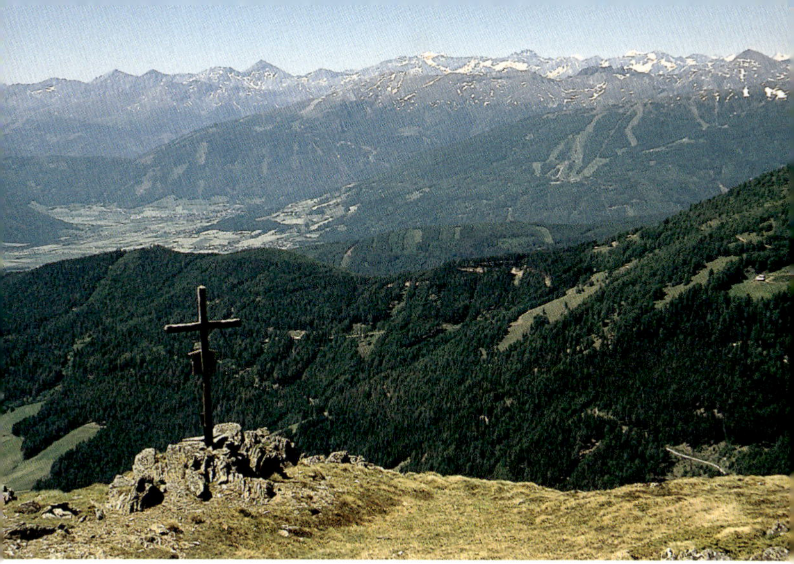

Vom Lachriegel reicht der Blick bis zu den Hohen Tauern.

Vom kleinen Parkplatz bei **Wagenberg** ①, 1402 m, zuerst in Richtung Bauernhof. Rechts zweigt der Ziehweg zum Lachriegel ab und schwenkt nach wenigen Metern wieder nach links. Die rot-weiße Markierung ist nicht zu übersehen. Zwischen Zäunen geht es stets zügig bergauf, ein Gatter ist zu übersteigen und die Forststraße wird mehrmals gekreuzt. Besonders auffällig ist die mächtige Kandelaberlärche auf einer Lichtung, ehe man einen kleinen Bach überquert. Über weite Almböden hinauf zum Gipfelkreuz auf dem **Lachriegel** ②, 2132 m, unter dem alljährlich eine Bergmesse gefeiert wird. Rückweg wie Aufstieg.

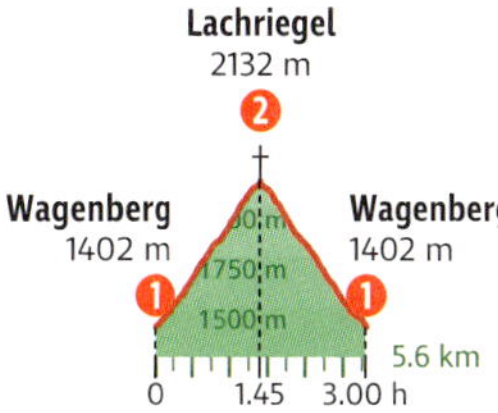

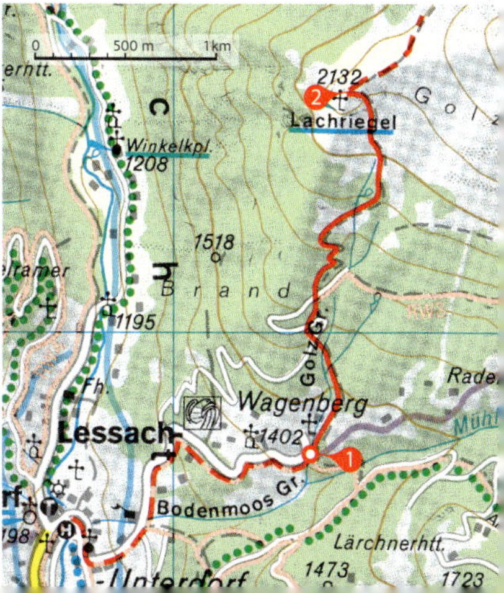

↗ 690 m | ↘ 690 m | 9.9 km

21 Rundtour über dem Prebersee

3.30 h

Gemütliche Wanderung durch urige Wälder

Nach einer kurzen Umrundung des moorigen Prebersees lässt sich diese wenig anstrengende, aber überaus abwechslungsreiche Rundtour noch leicht anhängen. Besonders beeindruckend sind die vielen Hochwälder, in denen das Totholz uralter Lärchen bizarre Figuren formt. Fast mystisch, wenn zudem noch leichte Nebelschleier über den weiten Hochmooren liegen. Fast befreiend dann, wenn sich der Blick schlagartig weitet und bis zum Preber, dem Roteck und den weiten Almböden rund um die Preberhalterhütte reicht.

Ausgangspunkt: Ludlalm am Prebersee, 1514 m, ca. 10 km nördlich von Tamsweg. Mehrere Parkplätze, Tälerbus.
Anforderungen: Problemlose Rundwanderung durch eine waldreiche Hochlandschaft.
Einkehr: Ludlalm, Tel. +43 664 7501 5015, ludlalm.at, ganzjährig außer April und Nov., Nächtigung; Preberhalterhütte, Tel. +43 677 6250 5618, Anfang Juni bis Mitte Sept.
Varianten: Konditionsstarke Wanderer können diese Tour mit einer Besteigung des Preber, 2740 m, oder des wesentlich anspruchsvolleren Roteck, 2742 m, verbinden. Aus einer leichten Halbtagstour wird dann allerdings eine anspruchsvolle Ganztagswanderung (jeweils ca. 3 Std. ab Preberkessel).

Direkt bei der Busstation am **Prebersee** ❶, 1514 m, vor dem Gasthof Ludlalm, auf einem gut markierten Weg 26 nach Westen – links in Richtung Lessach – durch ein Gatter über einen weiten Almboden bis zu einer Forststraße. Auf dieser leicht bergab bis zur gut gekennzeichneten Abzwei-

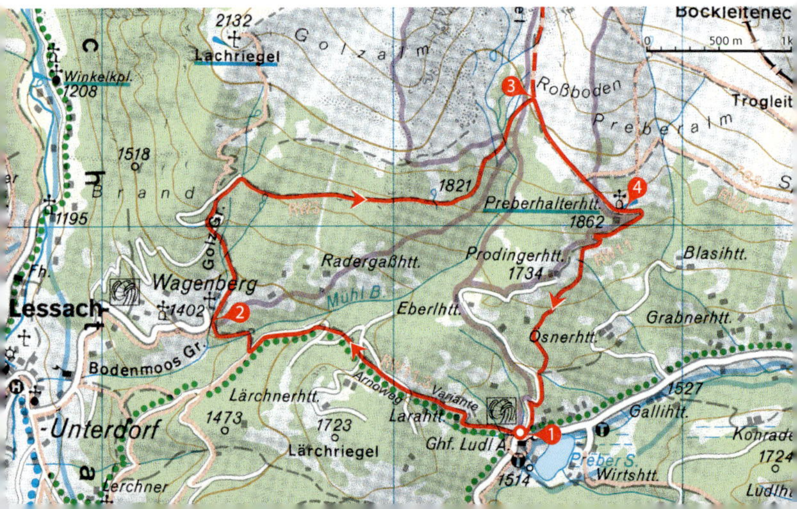

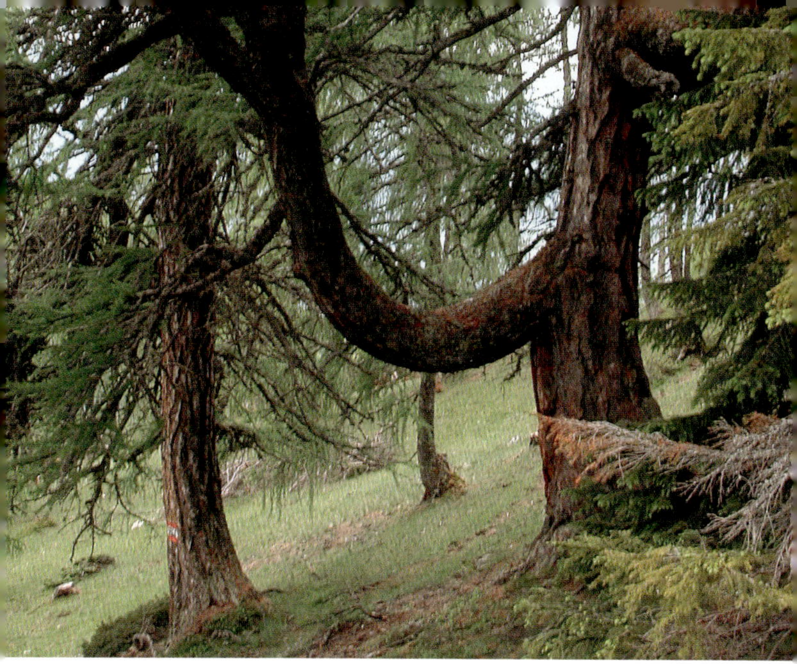

Uralte Lärchen säumen den Weg zur Preberhalterhütte.

gung »Reitersteig«. Hier rechts auf einem schmalen Waldweg abwärts zu einer Holzbrücke über einen kleinen Bach und hinauf zur Straße (wieder mit der Nr. 26) die von Lessach heraufführt.

Dieser folgt man kurz bis knapp vor das Bauernhaus im Weiler **Wagenberg** ❷, 1402 m, und zweigt dann rechts auf den markierten Weg durch den Golzgraben ab und trifft auf eine Forststraße, der man nach rechts – östlich – folgt. Weiter durch urige Wälder und eine abwechslungsreiche Hochmoorlandschaft mit schönen Ausblicken bis weit in die Steiermark gelangt man leicht steigend zu einer markanten Wegteilung im **Preberkessel** ❸, 2006 m. Nach links führt der Weg Nr. 788 durch den Preberkessel zum Mühlbachtörl und weiter auf das Roteck und den Preber (vgl. »Varianten«).

Nach rechts geht es über Almböden hinunter zur **Preberhalterhütte** ❹, 1862 m, und auf dem Forstweg zurück zum Gasthof Ludlalm am **Prebersee** ❶.

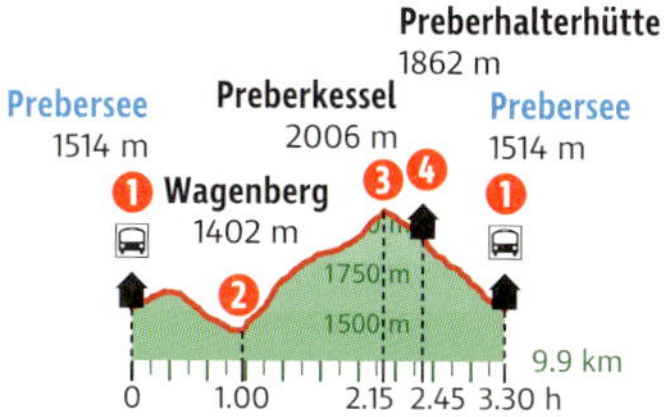

↗ 1350 m | ↘ 1350 m | 11.1 km

22 Speiereck, 2411 m

7.00 h

Wandern auf einem sagenumwobenen Aussichtsberg

Der großartige markante Berg ist zu Fuß von mehreren Talorten zwar leicht, aber nur mit einiger Ausdauer zu erreichen. Einfacher geht es allerdings mit den beiden Seilbahnen, die einen vom Osten oder Süden dem Gipfel näher bringen. Die Aussicht umfasst die Berge Salzburgs, Kärntens und der Steiermark. Tief im Tal liegen Mauterndorf, St. Michael und St. Martin.
In der Lungauer Sagenwelt spielt das Speiereck eine gewichtige Rolle. Auf seinem Gipfel gaben sich Zauberer und Hexen um Mitternacht ein Stelldichein, zu dem sich oft noch der verhasste Schörgen-Toni vom Schloss Moosham gesellte. Sie brauten die schrecklichsten Unwetter zusammen und warfen Steinbrocken auf das Vieh. Auf die Dauer wurde das wilde Treiben selbst dem Teufel zu viel und er verbannte die ganze Gesellschaft ins Rotgüldental.

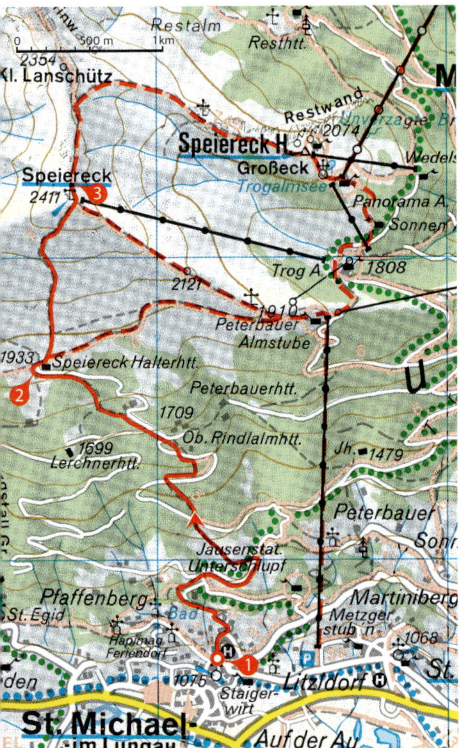

Ausgangspunkt: St. Michael, 1075 m. Kleiner Parkplatz am Nordende von St. Michael beim Rot-Kreuz-Stützpunkt. Bushaltestelle »St. Michael im Lungau Gemeindeamt«.

Anforderungen: Lange Bergwanderung auf gut begehbaren Wegen.

Einkehr: Speiereck-Halterhütte, Tel. +43 677 6264 4113, Anfang Juni bis Ende Okt., Mo Ruhetag; Peterbauer Almstub'n, Tel. +43 664 4504 822, peterbaueralm.at, Anfang Juni bis Ende Okt. zu Betriebszeiten der Sonnenbahn, Liftparkplatz in St. Martin; Trogalm, Tel. +43 664 1265 385, Anfang Juli bis Ende Sept.; Panorama Alm, Tel. +43 664 2820 453, Ende Juni bis Mitte Sept. zu Betriebszeiten der Großeckbahn, Talstation direkt an der B 99 am Nordende von Mauterndorf.

Varianten: 1. Sonnenbahn (Talstation in St. Martin). Von der Bergstation (1910 m) auf Weg Nr. 94 auf das Speiereck, 2411 m, zur Speiereck-Halterhütte, 1933 m, und zurück zur Sonnenbahn. Gehzeit 3 Std., Aufstieg

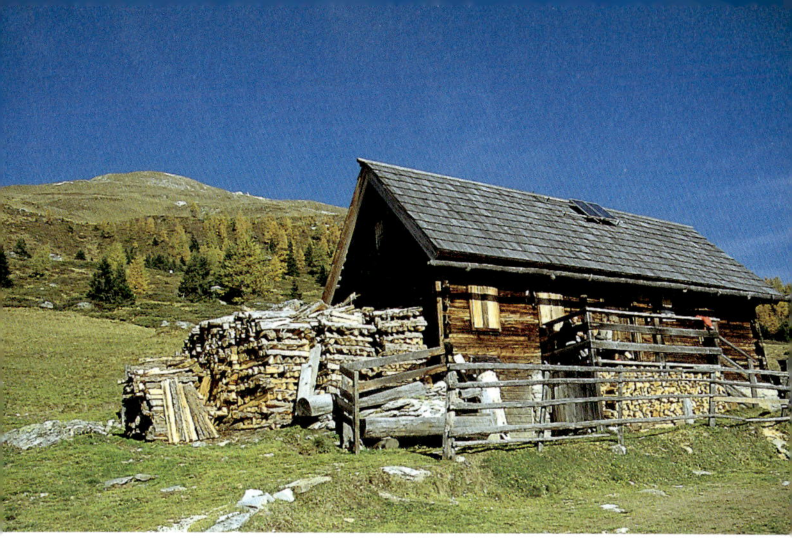

Die kleine Speiereck-Halterhütte.

ohne Seilbahn 3.45 Std.
2. Von Mauterndorf mit der Großeckbahn (Talstation direkt an der B 99 am Nordende des Ortes) auf das Großeck, 2066 m, nordwestlich auf Weg Nr. 745 auf den Kleinen Landschütz, 2355 m, und auf das Speiereck, 2411 m, weiter auf Weg Nr. 94 zur Bergstation der Sonnenbahn und zurück zur Großeckbahn. Gehzeit 4 Std., Aufstieg zu Fuß ohne Seilbahn 6 Std.
Hinweis: Betriebszeiten der Seilbahnen unter Tel. +43 6472 8008 oder grosseck-speiereck.at.

Beim Rot-Kreuz-Stützpunkt in **St. Michael** ❶, 1075 m, beginnt bei einer Markierungstafel das schmale Steiglein Nr. 94 (5), das rasch höher führt. Auf einer Asphaltstraße geht es bis zu einem unübersehbaren gemauerten Schuppen, bei dem ein Ziehweg nach links abbiegt. Nachdem man einen Zaun überstiegen hat, rechts über Almwiesen und durch Hochwald zur **Speiereck-Halterhütte** ❷, 1933 m. Nun schon oberhalb der Baumgrenze, steigt man zwischen Beerensträuchern recht aussichtsreich hinauf zum **Speiereck** ❸, 2411 m, das ein großes Holzkreuz ziert.
Der Abstieg erfolgt wie Aufstieg oder man wählt ab der Halterhütte Variante 1.

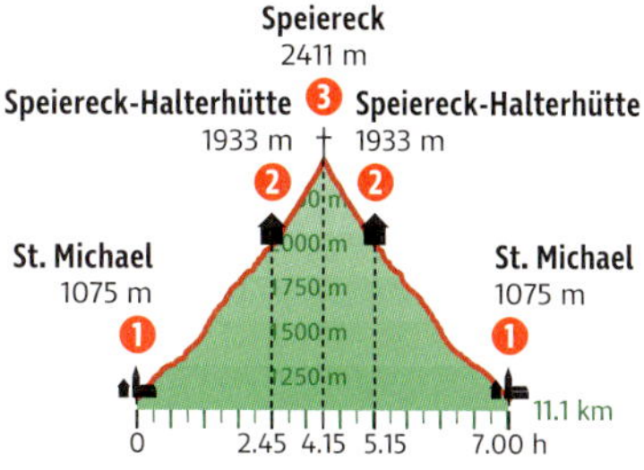

23 Fanninghöhe, 2115 m

6.15 h

Rundwanderung zwischen Weißpriach- und Taurachtal

Die leichte und völlig gefahrlose Wanderung führt über das schönste Stück des markanten Höhenrückens zwischen Weißpriach- und Taurachtal und berührt dabei das viel besuchte Skigebiet am Fanningberg mit seinen zahlreichen Hütten, die im Sommer allerdings fast durchwegs geschlossen sind. Im Sommer ein ruhiges Wandergebiet, das sich bis zum Radstädter Tauernpass hinzieht.

Ausgangspunkt: Mauterndorf, 1121 m. Parkplätze und Bushaltestelle »Mauterndorf im Lungau Stampfl Bundesstraße« bei der Burg.
Anforderungen: Leichte Bergwanderung.
Einkehr: Almstüberl am Moserkopf, Tel. +43 676 4807 044, Anfang Juli bis Ende Aug., Mo, Di, Mi Ruhetag; Berghof Jacklbauer, Tel. +43 6472 7028, jacklbauer.com, ganzjährig; Kräutlhütte Almkäserei, Tel. +43 664 3178 677, Mitte Juni bis Anfang Sept.
Varianten: 1. Knapp nach dem Almstüberl zweigt eine Forststraße halb rechts ab. Auf den Wegen Nr. 46 und 43 (9b und 9a) und den Tafeln »Hainererhof« und »Jacklbauer« folgend, geht es in rund 2 Std. direkt zur Stampflmühle und weiter zum Parkplatz bei der Burg Mauterndorf.
2. Von der Fanninghöhe auf Weg Nr. 760 gefahrlos nach Norden bis zum Kleinen Gurpitscheck (2378 m, 1.15 Std.). Der Aufstieg vom Kleinen zum Großen Gurpitscheck, 2526 m, ist nur trittsicheren und schwindelfreien Wanderern zu empfehlen.
3. Bei guter Sicht kann auch etwas kürzer, aber weglos von der Fanninghöhe direkt zur deutlich erkennbaren Straße und auf dieser weiter zum Hotel Fanningberghof abgestiegen werden.

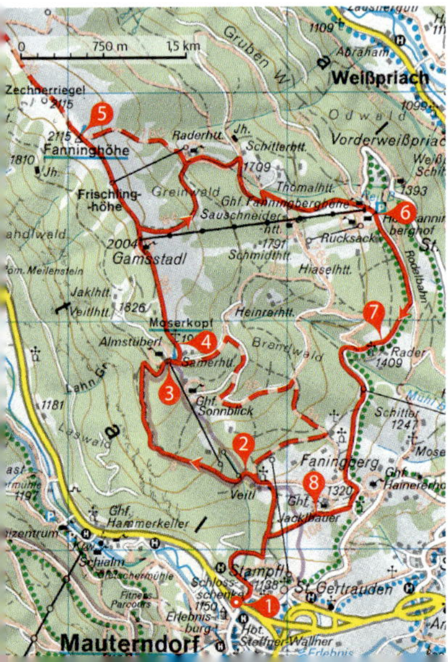

Ausgehend vom Parkplatz am Fuß der mächtigen Burg von **Mauterndorf ❶**, 1121 m, geht es unter der Bundesstraße auf dem Stampflweg Nr. 43 an der alten Mühle und dem Hotel Salzburgerland vorbei zum weithin sichtbaren **Veitlgut ❷**, 1406 m, wo er sich mit dem Weg Nr. 46 vereinigt, der direkt zum **Almstüberl ❸**, 1830 m, führt. Weiter bis zu einem kleinen Almboden und links kurz auf einem schmalen Steig zum **Moserkopf ❹**, 1901 m, mit seinem Gipfelkreuz.

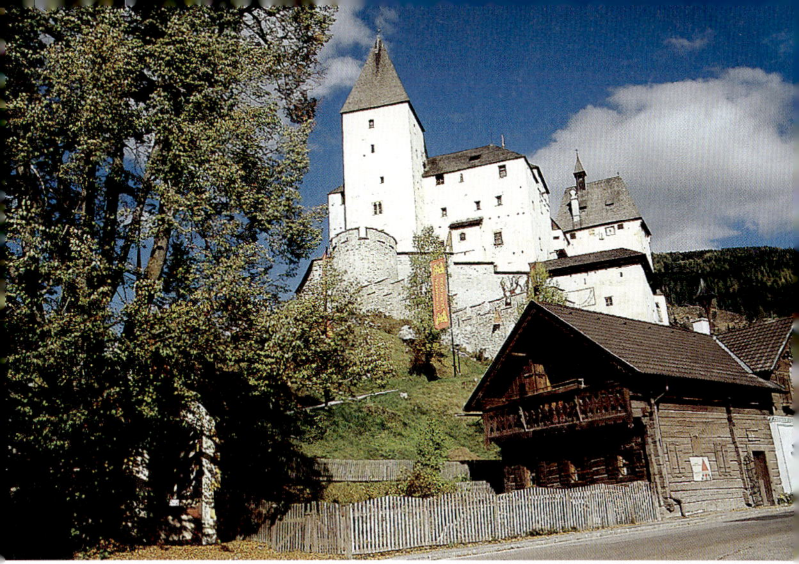

Burg Mauterndorf, Ausgangspunkt für diese Tour.

Oberhalb der Baumgrenze geht es über Wiesen nun auf Weg Nr. 760 (W5) ohne großen Höhenunterschied dem Skigebiet am Fanningberg zu. Bald ist die **Fanninghöhe** ❺, 2115 m, erreicht, die eine wahre Panoramasicht nach allen Seiten bietet. Es ist der Endpunkt dieser Tour. Wer weiterhin diese Prachtsicht genießen will, wandert – wie in Variante 2 beschrieben – auf Weg Nr. 760 nach Norden weiter.

Von der Fanninghöhe zurück zur Bergstation des Panoramaliftes (oder Abstieg auf dem direkten Weg, vgl. Variante 3) und auf den Wegen Nr. 760 und 48 (W4 und W3) zum Parkplatz beim **Hotel Fanningberghof** ❻, 1489 m. Unterhalb des Parkplatzes auf der markierten Forststraße nach rechts durch den Weiler **Rader** ❼, 1409 m, zum **Gasthaus Jacklbauer** ❽, 1390 m. Hier links halten und zurück zum Parkplatz bei der Burg von **Mauterndorf** ❶.

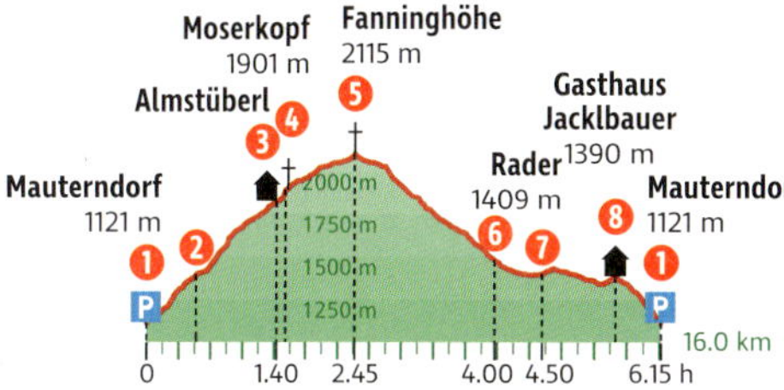

↗ 310 m | ↘ 310 m | 15.0 km

24 Rund um Mariapfarr

4.00 h

Wandern im Lungauer Sonnenbecken

Mariapfarr zählt zu den sonnenreichsten Orten Österreichs und bildet das Zentrum eines ausgedehnten und gut markierten Wegenetzes, das jede Menge familienfreundlicher Touren bietet, auch die umliegenden Weiler mit einschließt und problemlos auf eigene Faust erwandert werden kann. Eine der vielen Möglichkeiten sei hier herausgegriffen.

Ausgangspunkt: Mariapfarr, 1119 m. Großer Parkplatz am Westende bei der Volksschule, Bushaltestelle »Mariapfarr Weiherplatz« im Zentrum.
Anforderungen: Einfache Familientour.
Einkehr: Gasthäuser in Mariapfarr. Häuserl im Wald in Mariapfarr, Tel. +43 6473 8288, haeuserlimwald.com, ganzjährig, Mo, Di Ruhetag; Longa Stub'n in Weißpriach, Tel. +43 6473 20148, longastubn.at, ganzjährig, Mi Ruhetag, wochentags nur abends geöffnet.
Variante: In Sonndörfl teilt sich der Rückweg Nr. 47. Beide Wege führen nach Mariapfarr. Der linke – östliche – Ast (Nr. 35) ist aussichtsreicher, dafür um knapp 30 Min. länger. Er steigt in den hoch über dem Tal gelegenen Weiler Tscharra. Dort trifft man auf eine Asphaltstraße, der man rechts und vorbei am Gasthaus Granitzl etwa 20 Min. folgt und dann scharf rechts in eine kleine Schotterstraße einbiegt. Nach wenigen hundert Metern bei einer Markierungstafel nach links in einen Waldweg einbiegen, der auf den Aufstiegsweg Nr. 47 trifft. Hier wieder links halten und direkt nach Mariapfarr.

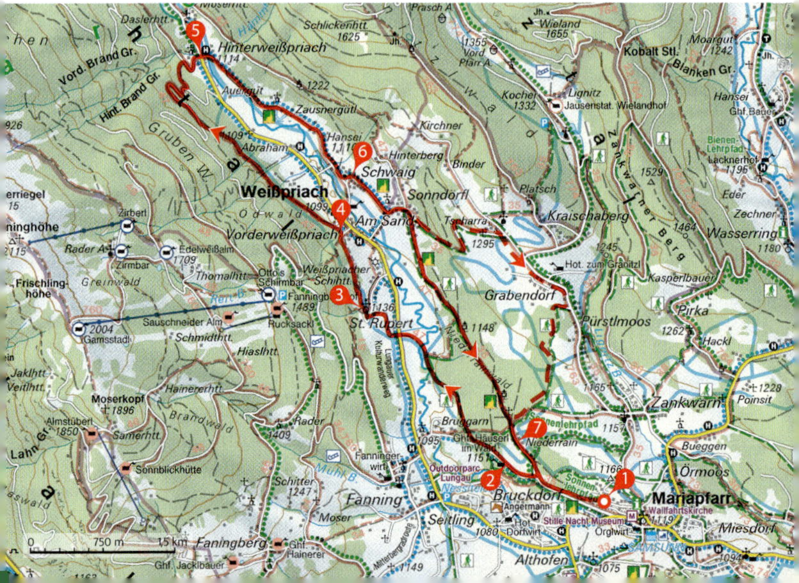

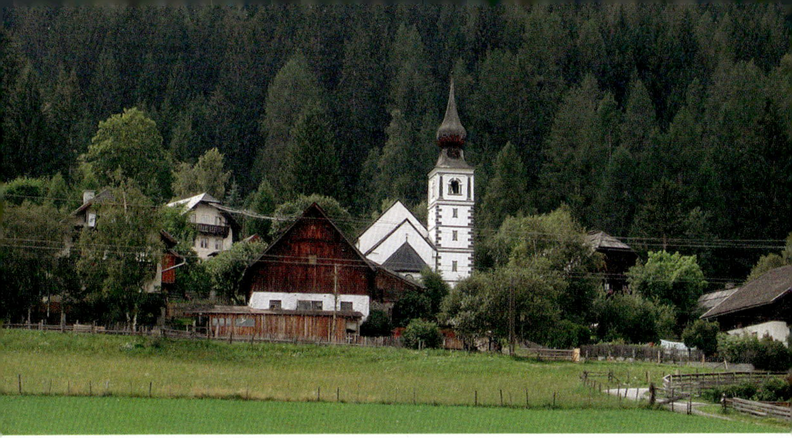

Das kleine St.-Rupert-Kirchlein ist auf alle Fälle einen Abstecher wert.

Die Wanderung beginnt an der Westseite von **Mariapfarr** ①, 1119 m, bei der Volksschule am Schuldirektor-Noggler-Weg. Tief unten im weiten Talboden die barocke Kirche von Althofen, der ersten Pfarrkirche des Lungau. Gleich rechts am Weg eine kleine Kapelle aus dem Jahre 1450 und wenige Schritte weiter an der linken Seite die wesentlich jüngere Hubertuskapelle. Der Weg Nr. 35 führt am **Häuserl im Wald** ②, 1151 m, vorbei durch den stellenweise etwas feuchten Niederrainwald und eine weitgehend naturbelassene Moorlandschaft und zweigt nach etwa einer schwachen Stunde nach links auf den Weg Nr. 47 ab. Auf der Brücke über die herrlich mäandrierende Longa (von der sich angeblich der Name Lungau ableitet) und der Straße geht es teilweise leicht bergauf zum weithin sichtbaren **St.-Rupert-Kirchlein** ③, 1136 m, das aus dem 8. Jh. und einstmals die Kapelle einer längst verfallenen Burg war.
Weiter auf Weg Nr. 47 nun an der Westseite des Tales etwas oberhalb von **Weißpriach** ④, 1110 m, nach **Hinterweißpriach** ⑤, 1114 m, wo man auf einer Brücke die Longa überquert und dann nach rechts in den Auenweg einschwenkt. Weiter talauswärts bis knapp vor das Feuerwehrhaus von **Schwaig** ⑥, 1102 m. Bei einem markanten Stein am Wegrand nach links, leicht bergauf ins Sonndörfl und rechts haltend, vorbei am **Niederraingut** ⑦, 1180 m, zurück nach **Mariapfarr** ①.

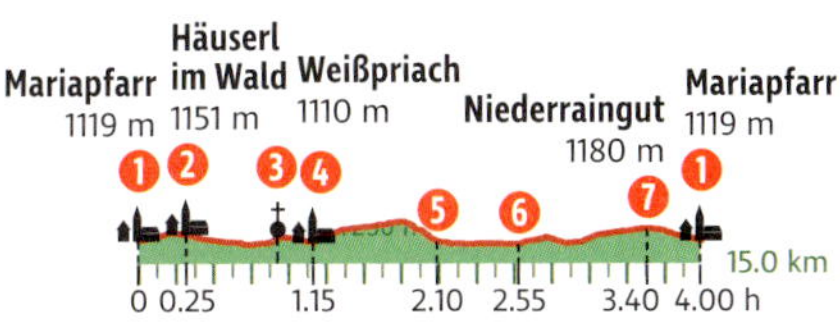

TOP

25 Preber, 2740 m

↗ 1270 m | ↘ 1270 m | 14.8 km

7.30 h

Auf dem Lungauer Hausberg

Will man beim südseitig gelegenen Aufstieg auf den Preber nicht allzu sehr von der Sonne geplagt werden, empfiehlt es sich, möglichst früh loszumarschieren. Nach der Gipfelbesteigung lädt dann der idyllisch gelegene moorig-dunkle Prebersee zu einem erfrischenden Bad. Wegen der sehr empfindlichen Flora dürfen die Wege rund um den See nicht verlassen werden, Baden ist nur auf ausgewiesenen Plätzen erlaubt.

Ausgangspunkt: Ludlalm am Prebersee, 1514 m. Mehrere Parkplätze, Tälerbus.
Anforderungen: Mittelschwere Bergtour, im Gipfelbereich Trittsicherheit erforderlich.
Einkehr: Ludlalm, Tel. +43 664 7501 5015, ludlalm.at, ganzjährig außer April und Nov., Nächtigung; Preberhalterhütte, Tel. +43 677 6250 5618, Anfang Juni bis Mitte Sept.; Grazer Hütte, AV, Tel. +43 664 2422 349, grazer-huette.at, Anfang Juni bis Mitte Okt., Nächtigung.
Varianten: 1. Von der Preberhalterhütte in Richtung Roteck durch den Preberkessel zum Mühlbachtörl, 2478 m, und nach rechts auf den Preber (2.30 Std.). 2. Etwa 500 m oberhalb der Preberhalterhütte zweigt Weg 788 rechts ab und führt ohne Gipfelbesteigung direkt und ohne größere Steigungen zur Grazer Hütte (1.15 Std.).

Direkt bei der Ludlalm am **Prebersee** ❶, 1514 m, beginnt der gut markierte Almweg (Nr. 788a) auf den Preber. Vor einem Gatter zweigt rechts eine neue Forststraße ab, der man nach rechts folgt. Nach wenigen Metern biegt man nach links auf einen gut markierten Waldweg ab, der zügig zur **Preberhalterhütte** ❷, 1862 m, führt. Über weite Almböden (Quelle) steigt

Der Prebersee am Fuße des gleichnamigen Berges.

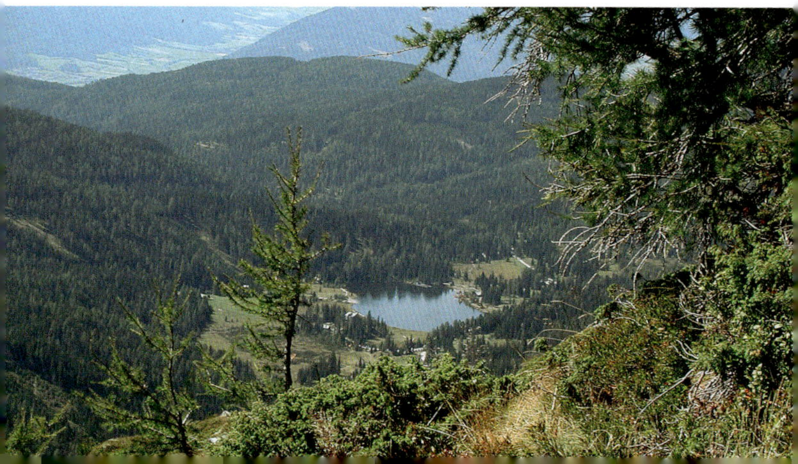

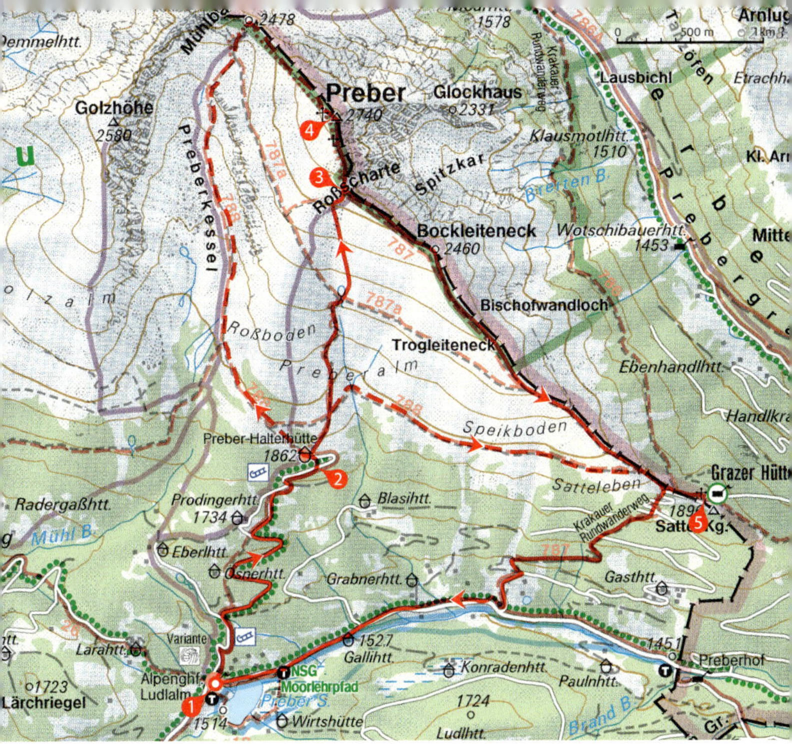

man ziemlich direkt zur **Roßscharte 3**, 2440 m, auf. Ein letzter schotteriger Aufschwung, und man steht auf dem **Preber 4**, 2740 m, mit seinem mächtigen Gipfelkreuz und einer prachtvollen Aussicht.

Nach einer ausgiebigen Rast geht es über den Anstiegsweg zurück zur **Roßscharte 3** und dort links auf Weg 787a, meist dem Grat entlang, zur **Grazer Hütte 5**, 1896 m. Auf einem Steig – oder knieschonender auf der Almstraße – bis zur Asphaltstraße hinunter, der man nach rechts bis zum Parkplatz am Ostufer des Prebersees folgt. Von hier führt ein schön angelegter Holzsteg entlang des Sees zurück zur Ludlalm am **Prebersee 1**.

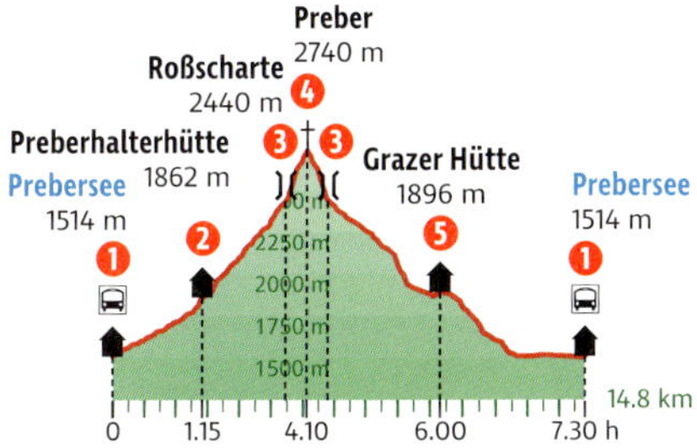

↗ 1040 m | ↘ 1040 m | 21.1 km

26 Rantentörl, 2166 m, und Prebertörl, 2194 m

7.45 h

Rundwanderung durch zwei gewaltige Täler

Die schöne Rundwanderung beginnt und endet auf bequemen Forststraßen, die durch herrliche Tallandschaften führen. Die Wege sowohl zur Möslhütte im Prebergraben als auch zu der in etwa gleicher Höhe gelegenen Ebenhandlhütte im Rantengraben bieten sich als gefahrlose Touren für die ganze Familie an. Die gesamte Runde über das Rantentörl und das Prebertörl verlangt dem Wanderer deutlich mehr ab.

Ausgangspunkt: Klausner Säge im Weiler Krakauschatten-Moos, 1296 m, von Tamsweg zum Prebersee und weiter Richtung Schöder in der Steiermark, ca. 2,5 km vor der Ortschaft Klausen, Parkplatz bei der Säge. Tälerbus Krakau (Voranmeldung Tel. +43 664 2377 956) zum Rantensee im Rantengraben und zur Moarhütte kurz nach der Möslhütte im Prebergraben.

Anforderungen: Lange Bergwanderung, die an einigen Stellen Trittsicherheit und Schwindelfreiheit verlangt.

Einkehr: Ebenhandlhütte, Tel. +43 3535 8632, Anfang Juli bis Ende Sept., Nächtigung; Möslhütte, Tel. +43 3535 8251, Mitte Juni bis Ende Sept.

Tipp: Abstecher zum Preber-Wasserfall kurz vor der Möslhütte.

Das weite Prebertal, im Hintergrund das Prebertörl.

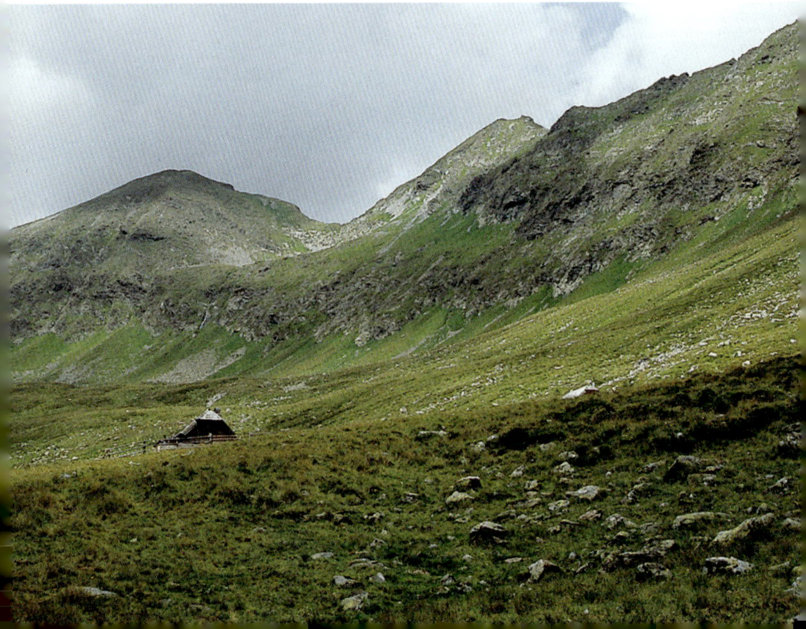

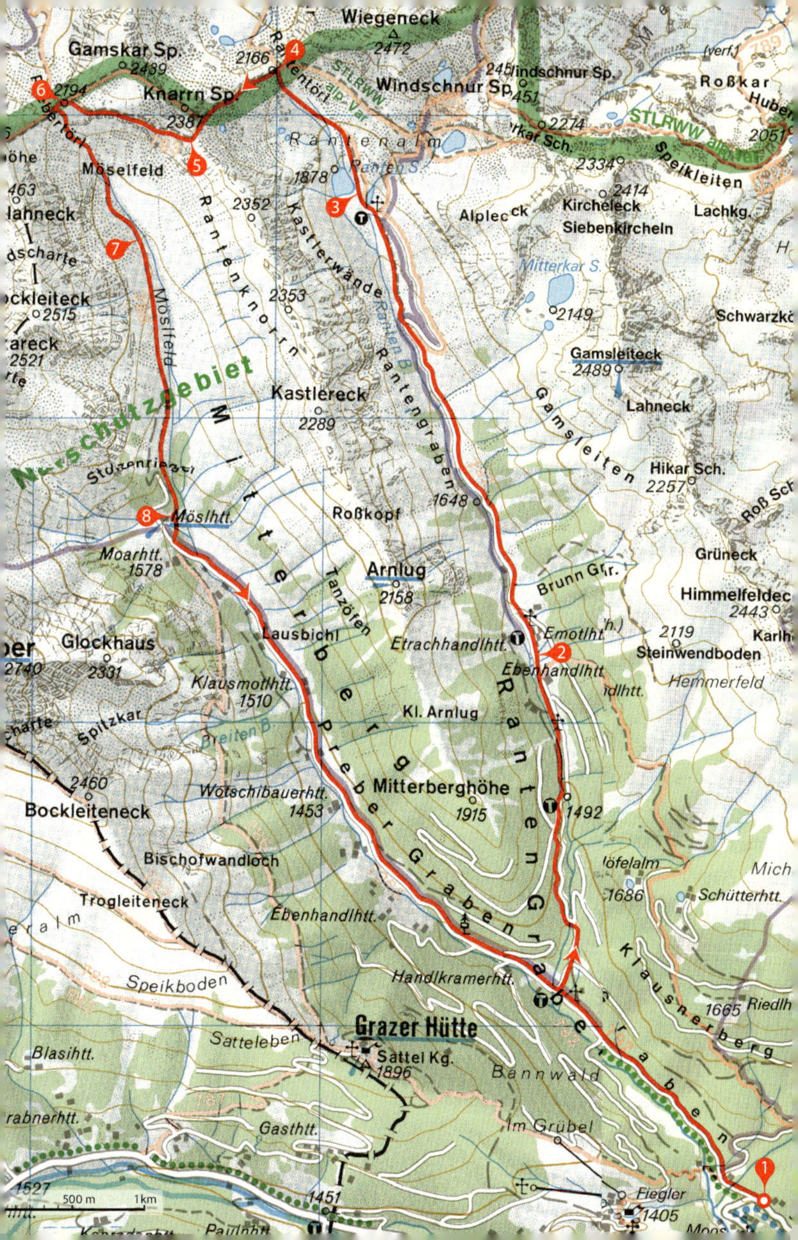
Wiegeneck
2472
Gamskar Sp.
2439
Knarrn Sp.
2387
2194
2166
Rantentörl
Windschnur Sp.
STLRWW alp-Var.
Roßkar
2274
2334
Speikleiten
Rantenalm
Ranten S.
1878
2352
Möselfeld
Lahneck
Bockleiteck
2515
2521
Alpleck
2414
Kircheleck
Siebenkircheln
Lachkg.
Mitterkar S.
2149
Schwarzkö
Rantenknorrn
Kastlerwände
2353
Ranten B.
Rantengraben
Gamsleiteck
2489
Lahneck
Gamsleiten
Kastlereck
2289
Möslfeld
Naturschutzgebiet
Hikar Sch.
2257
Roßkopf
1648
Möslhtt.
Moarhtt.
1578
Arnlug
2158
Grüneck
Brunn Gr.
Himmelfeldeck
2443
Tanzöfen
Etrachhandlhtt.
Emotlht.
2119
Steinwendboden
Glockhaus
2331
2740
Lausbichl
Ebenhandlhtt.
Hemmerfeld
Klausmotlhtt.
1510
Mitterberg
Kl. Arnlug
Spitzkar
Breiten B.
Rantengraben
2460
Wotschibauerhtt.
1453
Mitterberghöhe
1915
1492
Bockleiteneck
Preberrgraben
Bischofwandloch
Höfelalm
1686
Schütterhtt.
Trogleiteneck
Ebenhandlhtt.
Klausnerberg
Speikboden
Handlkramerhtt.
1665
Grazer Hütte
Satteleben
Sattel Kg.
1896
Bannwald
Blasihtt.
Gasthtt.
Im Grübel
Fiegler
1405
1527
1451
500 m
1km
Moos

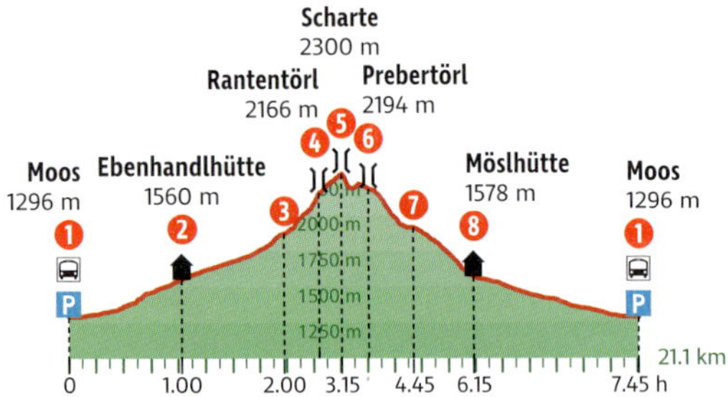

Vom Parkplatz in **Moos** ①, 1296 m, geht es etwa 2 km bis zur deutlich markierten Abzweigung zum Ranten- und zum Prebertörl (Parkmöglichkeit). Weg Nr. 792 führt nördlich leicht steigend in den Rantengraben. Bei der **Ebenhandlhütte** ②, 1560 m, geradeaus weiter direkt auf das schon von Weitem sichtbare Rantentörl zu. Bei einer scharfen Rechtskurve zweigt der Wanderweg von der Straße ab und verläuft direkt über die ausgedehnte Rantenalm, bis er nach etwa 20 Minuten wieder auf die Straße trifft.
Hier ist auch die Endstation des Tälerbusses und der Ausgangspunkt zur Besteigung des 2548 m hohen Predigtstuhl, der allerdings nur geübten Bergsteigern zu empfehlen ist (2.30 Std.).

Stängelloser Enzian.

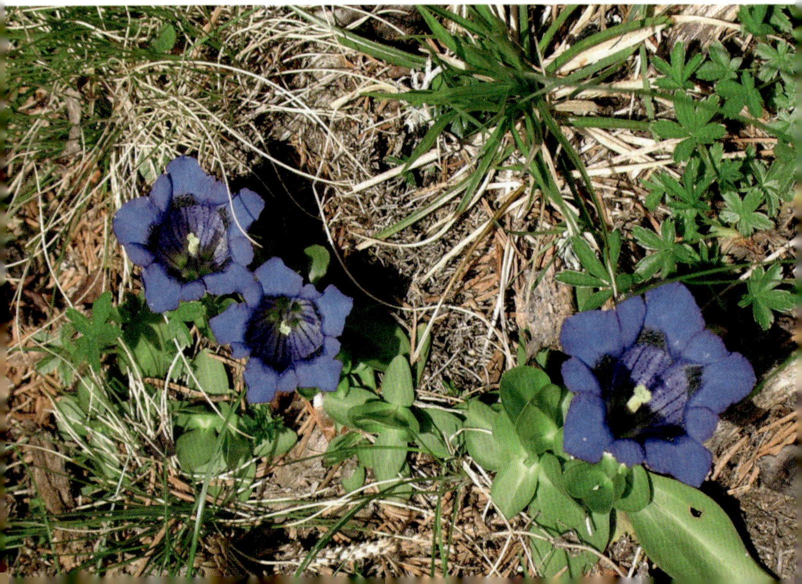

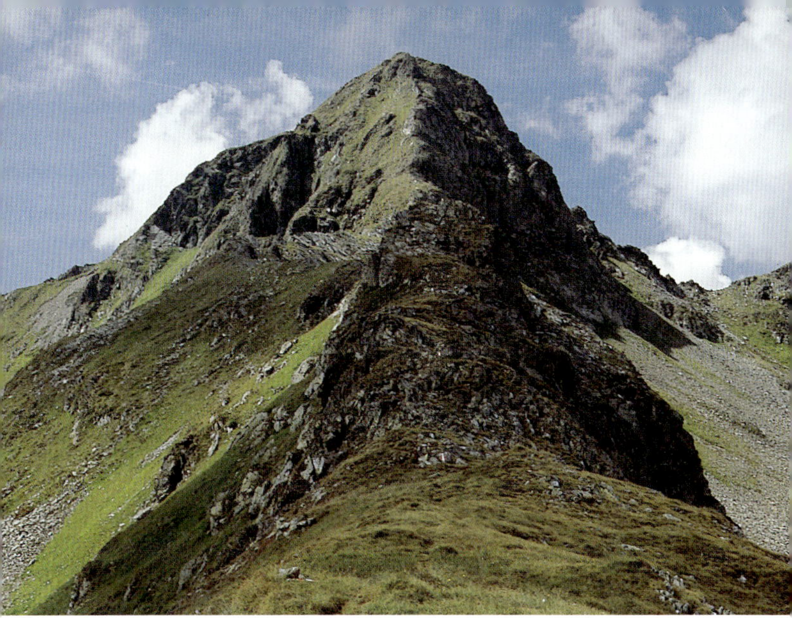

An der linken Flanke des Knarrnspitz führt der Weg vom Ranten- zum Prebertörl.

Links kurz auf der Straße weiter, die bald in einen Wiesensteig übergeht. Nach wenigen Minuten steht man am Ufer des kleinen **Rantensees** 3, 1878 m. Rechts um den See und auf dem teilweise recht feuchten Weg über leichtes Almgelände, später steil und ziemlich direkt auf das 2166 m hohe **Rantentörl** 4. Nach Norden öffnet sich die Sicht weit in das steirische Sölktal und zum Schwarzsee. Im Südwesten die Lungauer Bergwelt, im Osten der mächtige Predigtstuhl.

Weiter jetzt auf Weg Nr. 793 nach links – westlich – leicht bergauf, über einen felsigen Grat, eine grasige Bergflanke zu einer markanten **Scharte** 5, 2300 m, und sehr steil zum **Prebertörl** 6, 2194 m, hinunter. Dieser Übergang ist der anspruchsvollste Teil der Wanderung. Er verlangt teilweise Schwindelfreiheit und Trittsicherheit und sollte nur bei schönem, trockenem Wetter begangen werden.

Über weites Almgelände geht es nach Süden auf eine **Almhütte** 7, 1920 m, im Prebergraben zu. Der markierte Weg Nr. 786 verläuft an der rechten Seite des Baches, trifft dann aber auch auf die gut sichtbare Forststraße, die zur **Möslhütte** 8, 1578 m, und jetzt auf Weg Nr. 786a weiter zum Parkplatz in **Moos** 1 führt. (Im Gegensatz zur Forststraße führt der markierte Steig zur Möslhütte landschaftlich schöner durch den Wald und meist dem Bach entlang, ist aber um einiges mühsamer.)

↗ 690 m | ↘ 690 m | 10.4 km

5.15 h

27 Wildenkarseen, 1891 m und 2053 m

Zwei klare Bergseen zwischen Latschenfeldern und Blocksteinhalden

Der Etrachsee zählt zu den Juwelen des Krakautales. Allein schon ein gemütlicher Spaziergang rund um den klaren Gebirgssee vermittelt Natur pur abseits von jedem Verkehr. Je nach Jahreszeit blühen auf den weiten Almmatten Almrausch, Enzian, Speik, Kohlröserl und in den Felswänden auch das eine oder andere Edelweiß. Der Herbst glänzt mit fast unbegrenzter Fernsicht bis zum Großglockner und in die Dolomiten. Dazu kommt die leuchtende Farbenpracht der vielen Lärchen, die der Landschaft ihren ganz besonderen Reiz verleihen.

Ausgangspunkt: Etrachsee, 1374 m. Zwischen Klausen, 1320 m, und Krakaudorf links – nördlich – bei einem großen Hinweisschild abzweigen, ca. 6 km zum See. Parkplatz, Tälerbus Krakau.
Anforderungen: Leichte Bergwanderung. Der Aufstieg zum oberen See verlangt etwas Orientierungssinn.
Einkehr: Forellenstation Etrachsee, Tel. +43 3535 837744, etrachsee.at/gastronomie, Mitte Mai bis Ende Sept; Rudolf-Schober-Hütte, AV, Tel. +43 720 513907, alpenverein.at/rudolfschoberhuette, Anfang Juni bis Ende Sept., Nächtigung.
Variante: Vom Unteren Wildenkarsee führt Weg Nr. 794 nach Norden steil auf den Grat und über diesen zum Gipfel des Bauleiteck (2424 m, 1.45 Std.).
Tipp: Ulrichskirche am Beginn des Etrachtales.

Der Untere Wildenkarsee im Frühsommer.

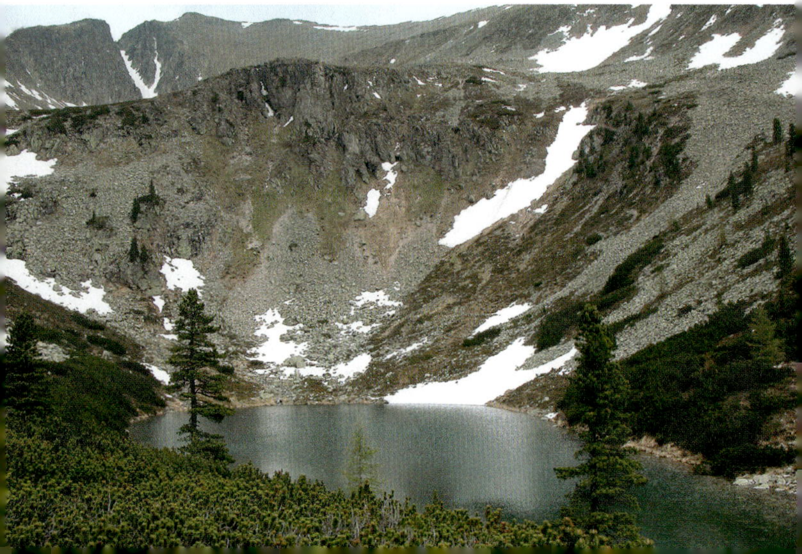

Vom südlichen Ende des wunderschön gelegenen **Etrachsees** ①, 1374 m, folgt man der bequemen Straße mit der Nr. 789 und 794 am rechten Ufer entlang. Bei der Wegteilung nach rechts (Nr. 794) in Richtung Rudolf-Schober-Hütte. Auf etwa halber Strecke trifft der wenig steile und recht abwechslungsreiche Weg auf den Tauern-Höhenweg Nr. 702, der direkt hin zur **Rudolf-Schober-Hütte** ②, 1667 m, führt. Während der Tauern-Höhenweg weiter in das Sölktal geht, zweigt Weg Nr. 794 nach links durch den Gastgarten zu den Wildenkarseen ab. Der schöne Zirbenwald wird bald von ausgedehnten Latschenfeldern abgelöst. Deutliche Hinweisschilder markieren die Abzweigung zum **Unteren Wildenkarsee** ③, 1891 m, der in einem weiten Kessel unter dem Bauleiteck eingebettet liegt. Der Aufstieg zum größeren Oberen Wildenkarsee ist nur schwach blau markiert und beginnt beim Abfluss des Sees. Über einige Steine wird der kleine Bach überquert. In den ausgeprägten Latschengassen sind die Steigspuren leicht zu erkennen. Herrliche Tiefblicke auf den unteren See und die gellenden Pfiffe der Murmeltiere begleiten auf der Wanderung über Blocksteinfelder zum **Oberen Wildenkarsee** ④, 2053 m.

Zurück zum **Etrachsee** ① geht es auf demselben Weg.

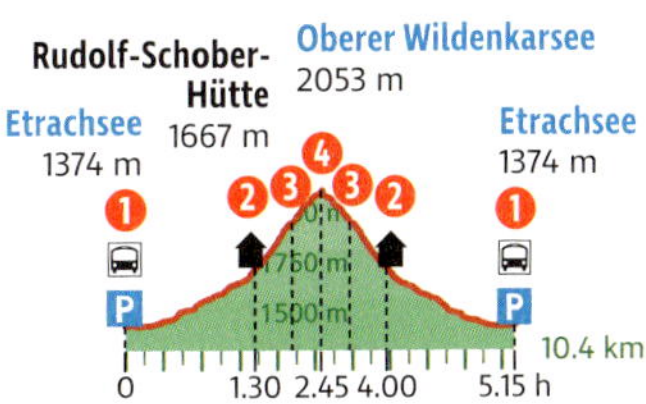

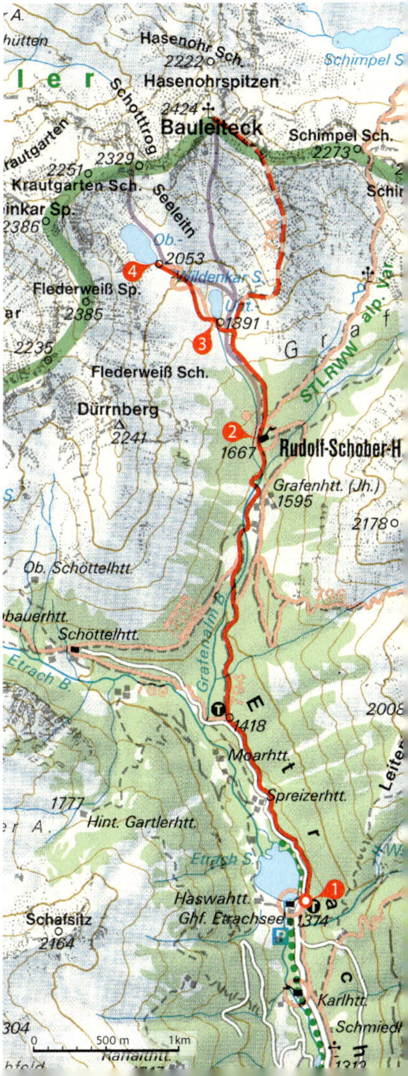

↗ 1210 m | ↘ 1210 m | 11.5 km

28 Trübeck, 2367 m

5.30 h

Durch Hochwald und über weite Almböden

Nach den ersten Nachtfrösten im Herbst, wenn im Krakautal die zahllosen Lärchen in ein feuriges Orange überwechseln, wird diese Wanderung zum farbenfrohen Erlebnis. Im oberen Teil der Tour überwiegen dann die Zirben. Am Ende geht es über weite Almböden dem leicht erreichbaren Gipfel zu.

Ausgangspunkt: Krakaudorf, 1173 m. Parkplätze und Bushaltestelle »Krakaudorf Postamt« im Ort.
Anforderungen: Lange und teils wasserlose Bergwanderung, südlich exponiert, im Gipfelbereich unschwieriges Blockgestein.

Einkehr: Unterwegs keine. Hotel Restaurant Guniwirt in Krakaudorf, Tel. +43 3535 8239, guniwirt.at, ganzjährig geöffnet.
Variante: Vom Trübeck weiter nach Norden auf das Rupprechtseck, 2591 m, in ca. 1.45 Std., teilweise sehr steil.

Der Almboden reicht fast bis zum Gipfel des Trübeck.

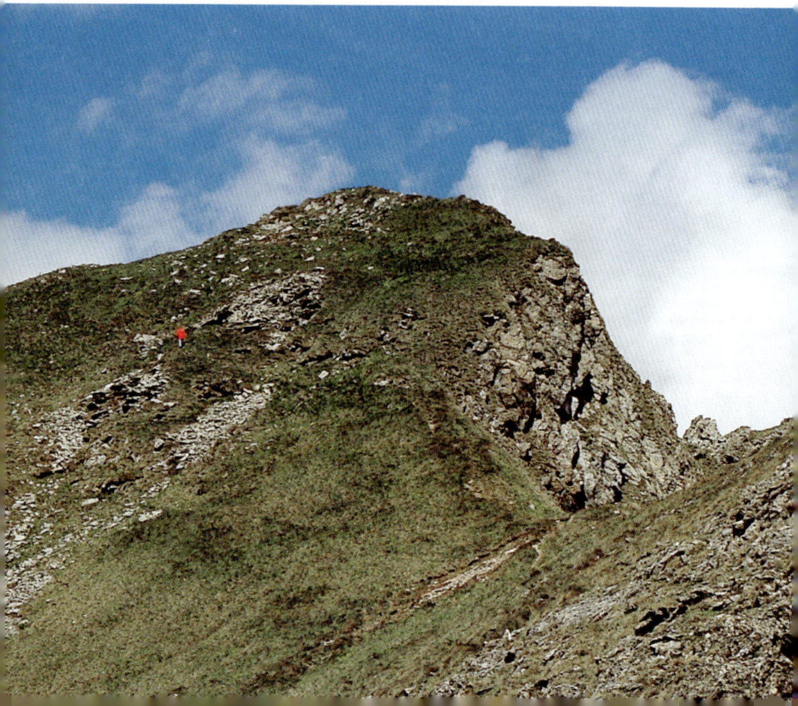

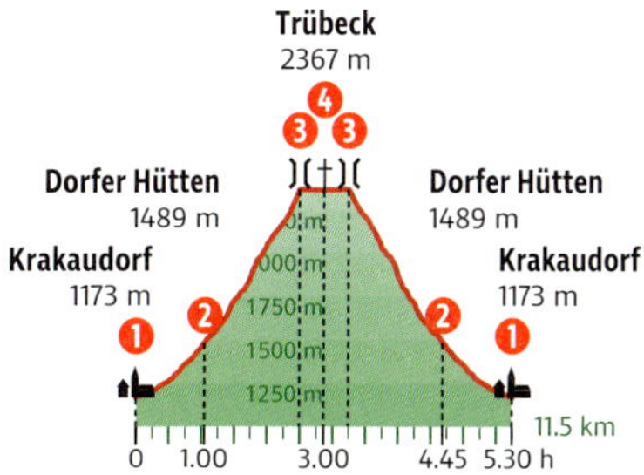

Vom Gemeindeamt in **Krakaudorf ❶**, 1173 m, führt links eine mäßig steile Straße in 15 Minuten zum freistehenden und gut sichtbaren Schaflechnerhof. Dort beginnt dann die rot-weiß-rote Markierung mit der Nr. 3796 zu den **Dorfer Hütten ❷**, 1489 m.

Über einen Almboden mit einigen Hütten und einer kleinen Kapelle steigt der Weg – jetzt mit der Nr. 796 – zügig aufwärts und trifft auf die Forststraße, die vom Schaflechnergut heraufkommt. Oberhalb der Baumgrenze geht es bestens markiert über einen riesigen Almboden bis zu einer **Scharte ❸**, 2374 m.

Nach links am Grat entlang mit leichter Blockkletterei zum etwas niedrigeren Gipfel des **Trübeck ❹**, 2367 m, mit genügend Platz zum Rasten und zum Genießen der großartigen Aussicht. Weiter im Norden ist das Gipfelkreuz des 230 m höheren Rupprechtseck zu sehen. Bei guter Kondition kann es leicht bestiegen werden (vgl. Variante). Abstieg wie Aufstieg.

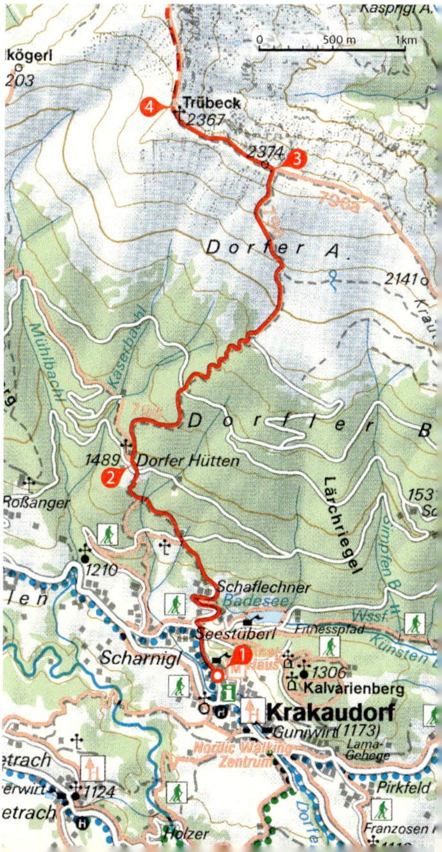

↗ 630 m | ↘ 630 m | 7.7 km

29 Zwieflerseen, 1809 m und 1925 m

3.15 h

Wandern in den Wölzer Tauern

Die Wölzer Tauern bieten eine große Auswahl an Wandermöglichkeiten in einer weitgehend unberührten Landschaft – allerdings meist im hochalpinen Gelände. Besonders im Frühsommer erstrahlt die Region in einer Blumenpracht, die nur selten zu finden ist. Weite Hochtäler, in denen immer wieder liebliche Seen eingebettet sind, laden zur geruhsamen Rast, bei der man die Seele baumeln lassen kann.

Ausgangspunkt: Parkplatz, 1340 m, knapp vor der Kreuzerhütte an der Sölkpass-Straße. Von Tamsweg ostwärts auf der Bundesstraße 96 bis Ranten, nach ca. 2 km links nach Schöder, 901 m, am Ortsende links in Richtung Sölkpass.

Anforderungen: Lange, teilweise steile Bergtour, die an einigen Stellen Trittsicherheit verlangt.

Einkehr: Unterwegs keine. Kreuzerhütte nahe Ausgangspunkt, Tel. +43 676 9245 433, kreuzerhuette.eu, Ende Mai bis Ende Okt., Nächtigung.

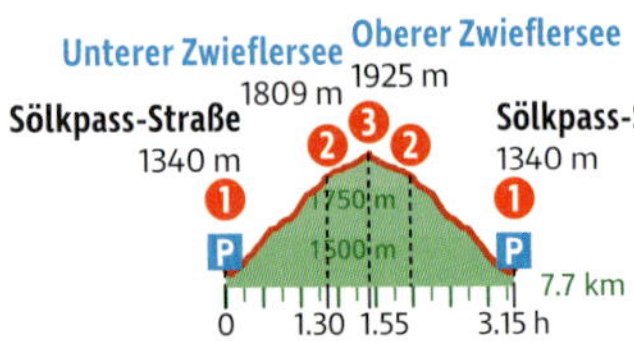

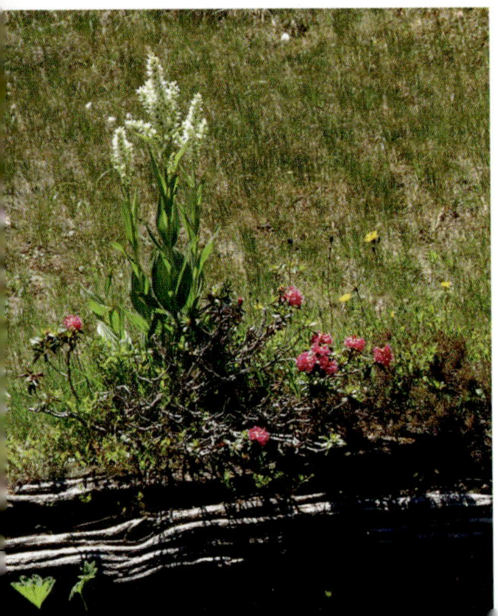

Direkt von der **Straße ①**, 1340 m, auf den Sölkpass führt der Weg Nr. 798 in westliche Richtung durch einen kleinen Wald und über eine Almweide. Wer es bequemer haben will, folgt der Forststraße, andernfalls der rot-weiß-roten Markierung, die immer wieder Abschneider durch den Wald nimmt, dafür aber um einiges steiler ist. Ab einem neu angelegten kleinen Stausee führt nur noch ein schmaler Steig weiter, der oftmals über Blocksteine rasch an Höhe gewinnt. Hier ist an einigen Stellen Trittsicherheit gefragt. Nach

Blütenpracht am Zwieflersee.

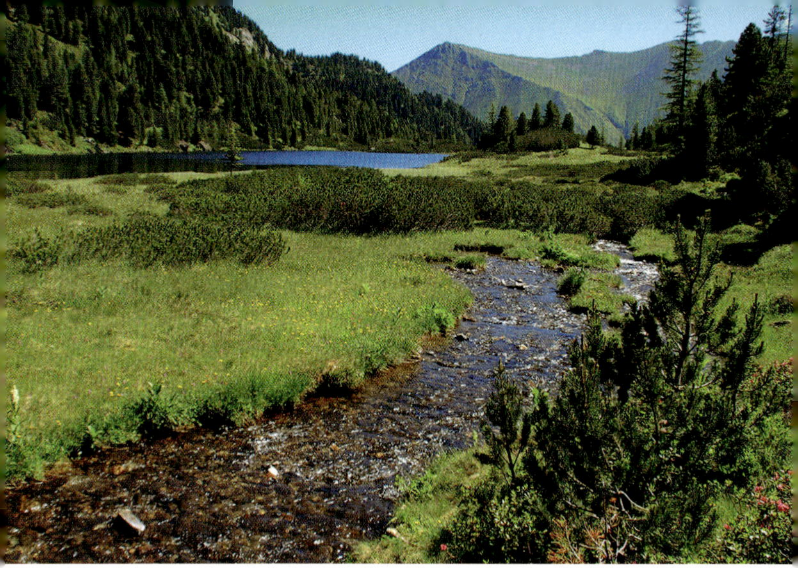

Der wunderschön gelegene Untere Zwieflersee in den Wölzer Tauern.

etwa 1.30 Std. mündet der Weg in ein breites Hochtal, in dem der **Untere Zwieflersee** ❷, 1809 m, eingebettet liegt. Am Südufer des Sees entlang und fast eben über ein weites Hochmoor geht es auf einen gewaltigen Wasserfall zu. Ein letzter steiler Aufstieg über Blockgestein, und das Ziel, der **Obere Zwieflersee** ❸, 1925 m, ist erreicht. Der Rückweg verläuft wie der Aufstieg.

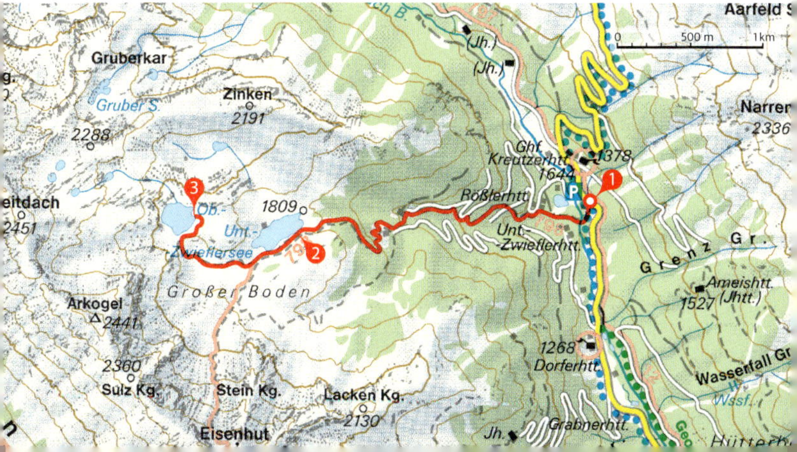

↗ 450 m | ↘ 450 m | 4.3 km

30 Kaltenbachseen, 1748 m, 1912 m und 2050 m

2.45 h

Schöne Genusswanderung im ruhigen Sölktal für die ganze Familie

Das Naturschutzgebiet rund um den Sölkpass (1790 m) bietet eine reiche Palette an Wandermöglichkeiten. Zur Wahl stehen meist leicht erreichbare Gipfel, aber auch viele Seen, und dies alles inmitten einer herrlichen und weitgehend unberührten Hochgebirgslandschaft, weit weg von jedem Massentourismus. Eine Ausnahme bilden allerdings die wunderschön gelegenen Kaltenbachseen, die zu den touristischen Highlights des Sölktales zählen und deshalb stärker besucht sind.

Ausgangspunkt: Kaltenbachkehre, 1600 m, oder bei der Kaltenbachalm, 1569 m. Nach etwa 5 Minuten vereinigen sich beide Wege zum gemeinsamen Weg zu den Kaltenbachseen. Parkmöglichkeit entlang der Sölkpassstraße bei der Kehre. Erreichbar von Schöder, 901 m, am Fuß des Sölkpasses in der Steiermark.
Anforderungen: Mittelschwere Bergwanderung mit einigen ausgesetzten Stellen.
Einkehr: Kaltenbachalm, Tel. +43 664 3224 665, berndlhof.at/kaltenbachalm, Mitte Juni bis Mitte Sept., Nächtigung.
Variante: Ab dem oberen See zum Aufstieg zum Deneck (2433 m), Trittsicherheit, Schwindelfreiheit und Kondition notwendig, 1.30 Std.
Hinweis: Der Sölkpass ist im Winter gesperrt (meist ab Mitte Mai geöffnet).

Direkt am Scheitelpunkt der **Kaltenbachkehre** ❶ beginnt der mäßig steile, gut markierte Weg zu den drei Kaltenbachseen. Nach einer halben Stunde über saftige Wiesen und besonders zu Sommerbeginn durch ein Blumenmeer ist der **Untere Kaltenbachsee** ❷, 1748 m, erreicht, der wenige Minuten abseits des Weges in einer idyllischen Gebirgsmulde eingebettet liegt. Nach weiteren rund 170 Höhenmetern und einer weiteren halben Stunde gelangt man zum **Mittleren Kaltenbachsee** ❸, 1912 m, den steile Felsabstürze umrahmen.
Links am See vorbei geht es auf einer Felsrippe nun noch einmal eine gute halbe Stunde steil bergauf zum kleinsten **Oberen Kaltenbachsee** ❹, 2050 m, bei dem dann für weniger erfahrene Wanderer das Ziel erreicht sein sollte. Der Blick nach oben zu den Gipfeln der Sölktalberge und nach unten zu den beiden Seen ist einfach großartig.

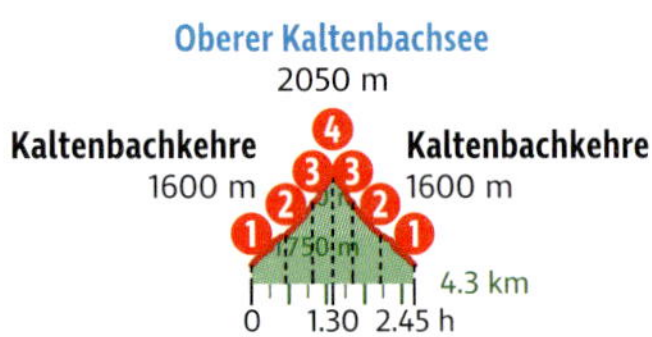

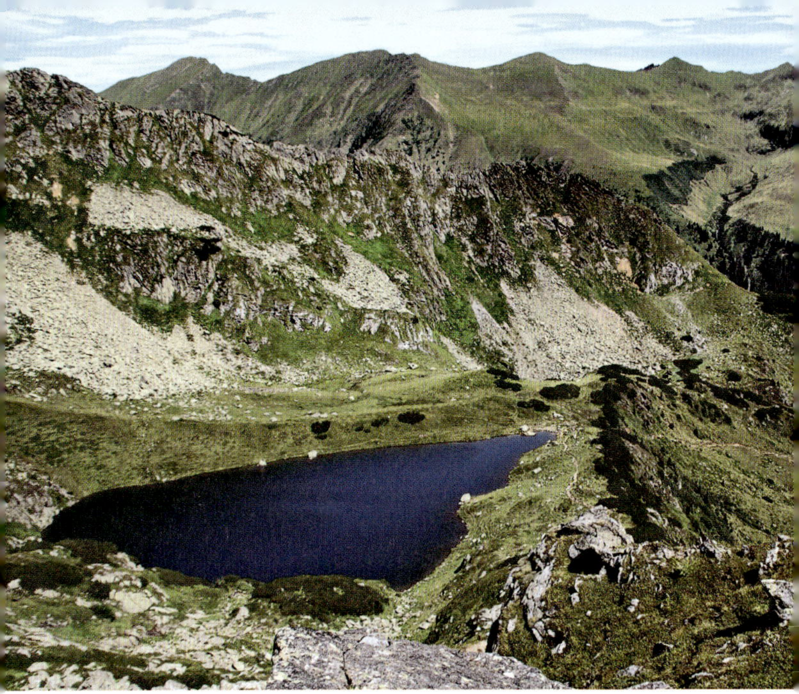

Der Untere Kaltenbachsee ist der größte der drei Seen.

Der Weg auf das Deneck führt zuerst um den See, weiter kurz und steil auf die weiten Etrachböden, über oder um die Schafspitze, dann ein kurzer steiler und felsiger Aufstieg (Trittsicherheit) auf den Gipfel des Deneck, 2433 m. Rückweg wie der Aufstieg.

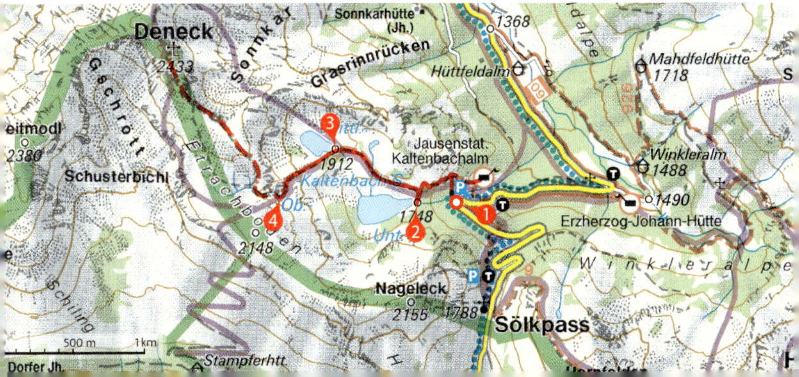

↗ 830 m | ↘ 830 m | 6.3 km

31 Greim, 2474 m

4.45 h

Sanfter Grasberg in den Niederen Tauern

Der 2474 m hohe Greim in der westlichen Steiermark zählt zu den bekanntesten Bergen der Wölzer Tauern. Der wunderschöne Aussichtsberg ist von seiner Südostseite leicht zu besteigen. Die lange Gratwanderung auf den Gipfel über weite Almmatten lässt jedes Botanikerherz höherschlagen und der Wanderer wird sich an der herrlichen Bergkulisse nicht satt sehen können.

Ausgangspunkt: Greimhütte, 1649 m, Parkplatz. Von St. Peter am Kammersberg, 860 m, nach Norden bis kurz nach der Pöllauhöhe, links – nördlich – abzweigen und auf bezeichneter Straße zur Greimhütte.
Anforderungen: Direkter Auf- und Abstieg auf den Greim einfach, nur oben etwas ausgesetzt. Die in der Variante vorgestellte Rundwanderung erfordert guten Orientierungssinn.
Einkehr: Unterwegs keine; die Greimhütte ist geschlossen.
Varianten: Zwei Möglichkeiten zu einer Rundtour (Beschreibung im Text):
1. Direkter Abstieg durch die gut sichtbare Greimrinne zur Hütte, ca. 2.15 Std.
2. Abstieg vom Greim südseitig nach Schöneben und auf der Straße zurück zur Greimhütte, ca. 3.15 Std.

Knapp hinter der **Greimhütte** ❶, 1649 m, zweigt der Aufstieg rechts von der Straße ab und führt nicht allzu steil auf den Grat, dem man auf dem Weg Nr. 929 bis zum Gipfel des **Greim** ❷, 2474 m, mit dem mächtigen Kreuz folgt. Die letzten Höhenmeter sind ein wenig ausgesetzt, bei trockenem Wetter aber kein ernsthaftes Problem. Abstieg wie Aufstieg.
Variante: Mit etwas Orientierungssinn lässt sich diese Tour zu einer schönen Rundwanderung erweitern, die allerdings im letzten Teil weglos durch weite Alpenrosenhänge zur Greimhütte zurückführt. Vom Gipfel noch gut markiert nach Süden zum Sandkogel (2214 m). Hier links halten. Auf Weg Nr. 15 in Richtung Schöneben (Parkplatz) und nach etwa 30 Minuten unmarkiert über die weiten baumlosen und teilweise recht feuchten Almhän-

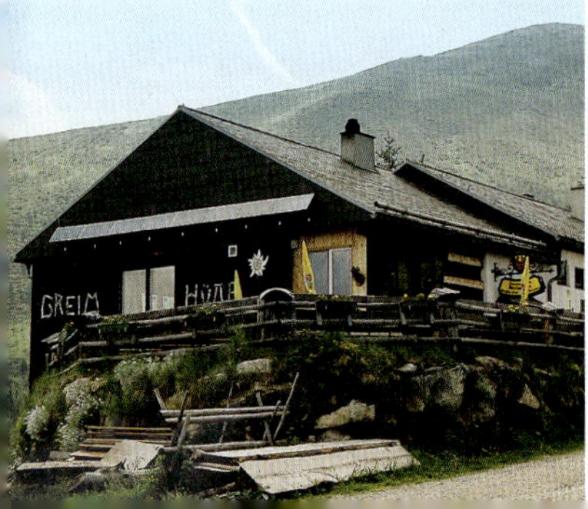

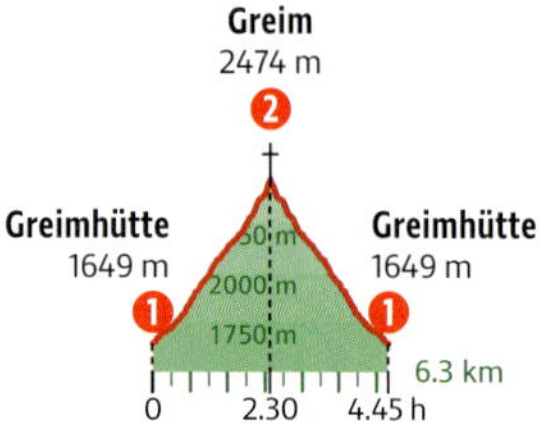

Die leider geschlossene Greimhütte.

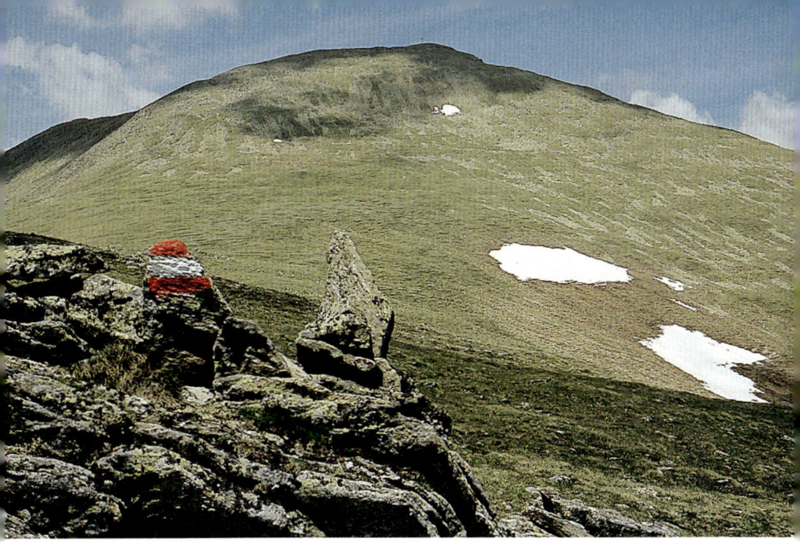

Der aussichtsreiche Abstieg an der Südseite des Greim.

ge in nordöstliche Richtung – links – zur Greimrinne und zurück zur Greimhütte. Nur bei guter Sicht empfehlenswert. Der markierte, aber wesentlich längere Weg Nr. 15 trifft etwa 3 km nach Schöneben auf Weg Nr. 11/16, der auf der Straße zurück zur Greimhütte führt.

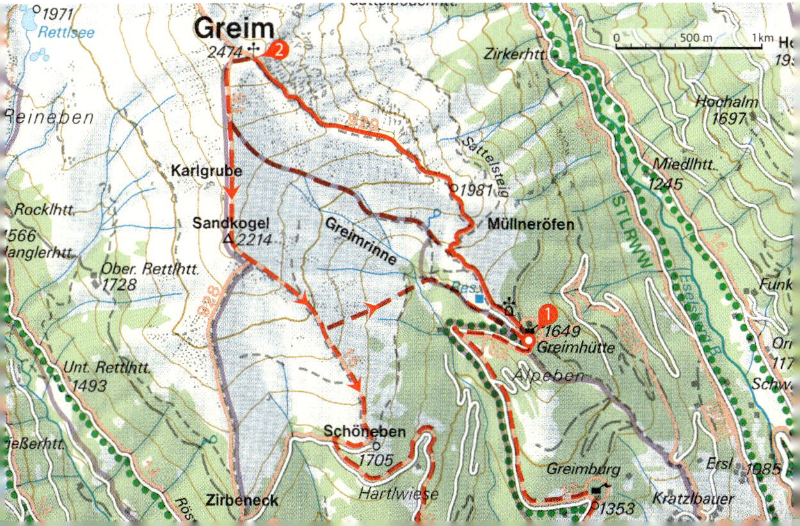

TOP

32 Gstoder, 2140 m

↗ 910 m | ↘ 910 m | 13.4 km

4.30 h

Aussichtsreicher Grenzwächter zur Steiermark

Genau im Osten von Tamsweg ragt die elegante Pyramide des Gstoder hoch über die Baumgrenze hinaus. Über seinen leicht erreichbaren Gipfel verläuft die Grenze zur Steiermark. Durch die freie Lage reicht der Blick bis zum Großglockner und tief in die Steiermark. Auf den weiten Almmatten des Gstoder gedeiht der Echte Speik, ein Baldriangewächs, das einstmals wegen seines Duftes gefragter Exportartikel bis in den Orient war.

Ausgangspunkt: Seetal, 1237 m, 12 km östlich von Tamsweg an der B 96. Kleiner Parkplatz am Ortsbeginn bei der ehemaligen kleinen Volkschule im Ortsteil »In der Stadt«. Bushaltestelle »Seetal im Lungau Stadtkreuz«.
Einkehr: Dorferalm, Tel. +43 6474 8035, Mitte Juni bis Mitte Sept.
Variante: Vom Seetaler Klausentor (Parkplatz) am Ortsende beginnt rechts ein blau markierter Weg zur Ruine Klauseneck. Anfangs meist durch den Wald, weiter Aufschließungsstraße bis zur Dorferalm in einem kleinen Hüttendorf, 1.15 Std.

Ausgangspunkt ist die ehemalige Volksschule von **Seetal** ①, 1237 m, an der Straße nach Murau. Hier beginnt an der rechten Seite die blaue Markierung, der man bis zum Gstodergipfel folgt. Leicht bergab entlang des massiv regulierten Gstoderbaches auf einer Asphaltstraße, die nach dem letzten Haus in einen Karrenweg übergeht und durch lichten Hochwald führt. Nach etwa 20 Minuten biegt man nach links – östlich – auf eine Forst-

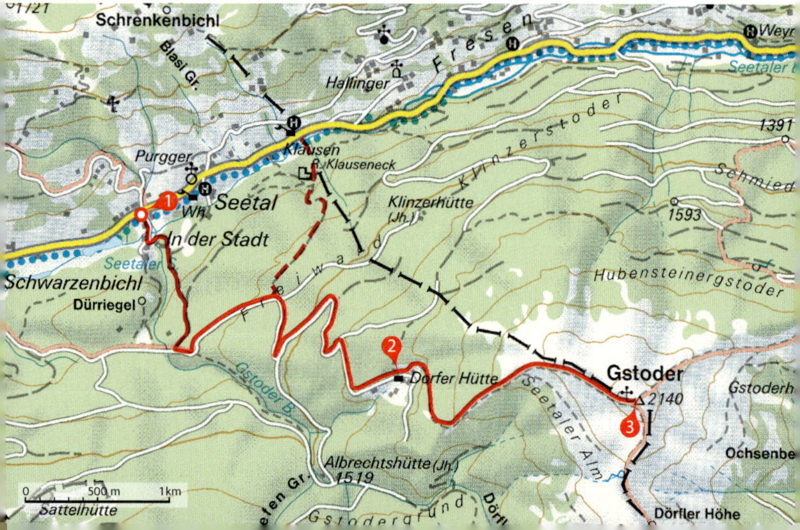

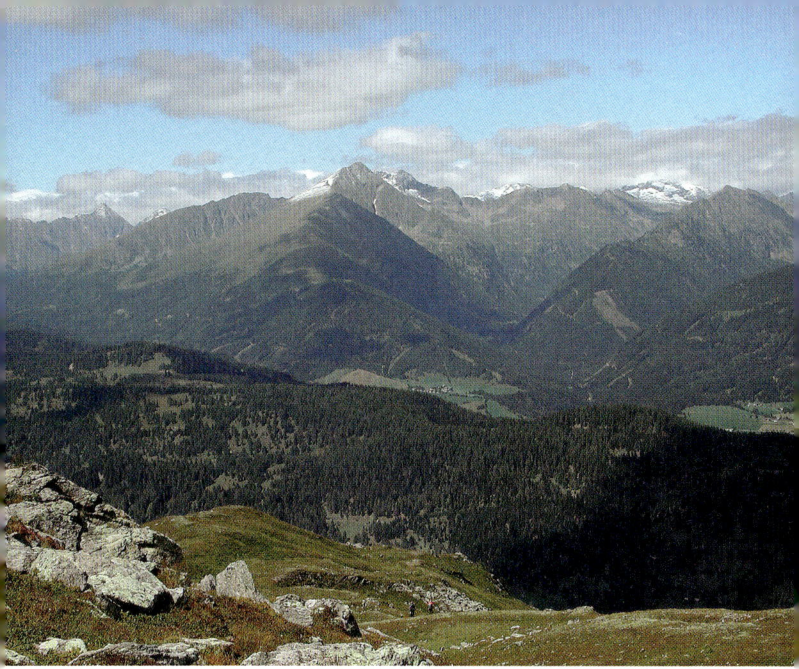

Vom Gstoder reicht der Blick bis zum Großglockner.

straße ein, auf der man direkt zur bewirtschafteten **Dorferalm** ❷, 1644 m, inmitten eines kleinen Hüttendorfes gelangt.
Unmittelbar hinter der letzten Hütte an der linken Seite der Forststraße zweigt der weiterhin blau markierte Steig ab, der im unteren Teil ziemlich steil auf den Gstoder führt. Nach einer markanten Kuppe ist der Blick auf das Gipfelkreuz frei, der Weg biegt nach rechts ab und der Gipfel des **Gstoder** ❸, 2140 m, ist ohne große Anstrengung in wenigen Minuten erreicht. Der Abstieg verläuft auf dem Aufstiegsweg.

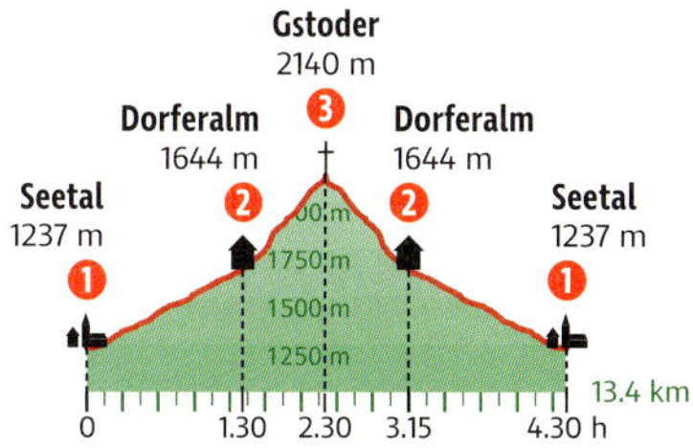

↗ 920 m | ↘ 920 m | 17.2 km

33 Lasaberg, 1935 m

5.45 h

»Einsteigertour« auf den Tamsweger Hausberg

Wer sich einmal von oben einen ersten Überblick über den Lungau, die angrenzende Steiermark und die Kärntner Nockberge verschaffen will, dem sei diese leichte Eingehtour auf den Tamsweger Hausberg empfohlen. Fährt man mit dem Auto bis zum Langerbauern, dem letzten Bauernhaus, hinauf, so ist es eine schöne Halbtagstour in eine ausgedehnte Almlandschaft mit großartigem Panoramablick.

Ausgangspunkt: Tamsweg, 1021 m. Großer Parkplatz am Beginn des Lasabergweges beim Schulzentrum. Weitere Parkmöglichkeit beim Langerbauern. Bushaltestelle »Tamsweg Schulzentrum«, Bahnhof Tamsweg ca. 15 Gehminuten entfernt.

Anforderungen: Problemlose Bergwanderung auf Güter- und Waldwegen.

Einkehr: Unterwegs keine; diverse Gaststätten in Tamsweg.

Variante: Start beim Langerbauern, kleiner Parkplatz (verkürzt die Wanderung um insg. ca. 1.45 Std.).

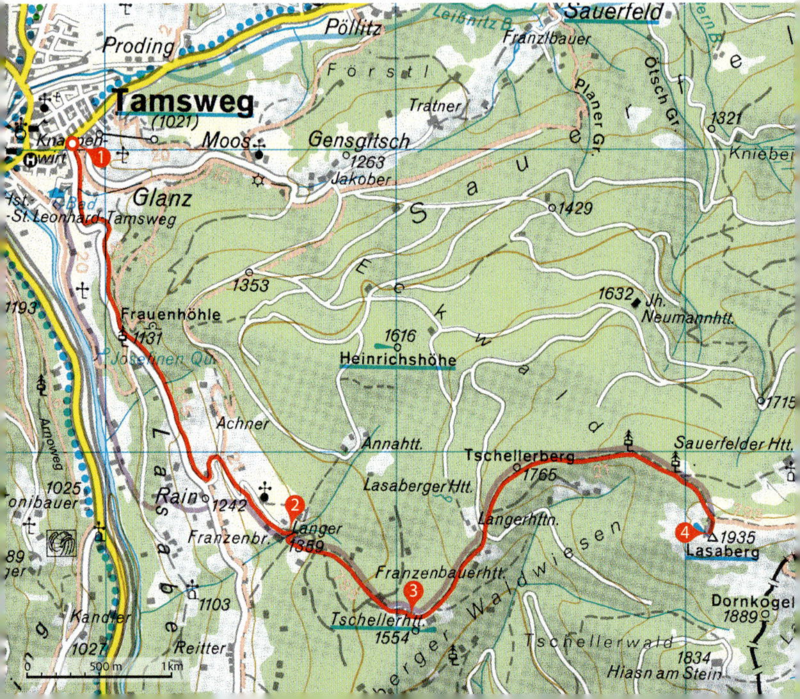

Von **Tamsweg** ❶, 1021 m, führt eine gut markierte Straße mit den Nr. 21 und 795 bis zum **Langerbauern** ❷, 1359 m, dem letzten Bauernhaus vor der Almregion. Kurz weiter über eine Brücke und dann links auf den Waldweg abzweigen, wo man bald auf den Güterweg zur **Tschellerhütte** ❸, 1554 m, und die Langerhütte trifft, von der man einen besonders schönen Ausblick auf den Hafner und die Tauernkette hat. Dabei heißt es, genau auf die deutliche rot-weiß-rote Markierung achten, die immer wieder von der Straße abweicht und Abschneider durch den Hochwald nimmt. Bei einem Gatter lichtet sich der Wald und geht in ein sanft geschwungenes Almgebiet über.

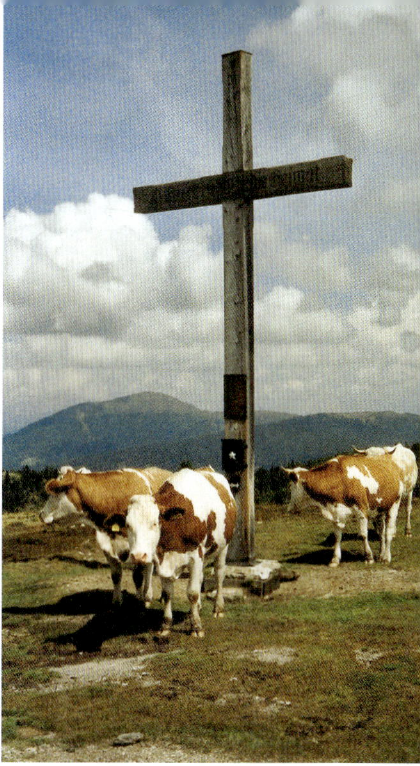

Am Gipfelplateau des Lasabergs.

Noch ein kurzer – manchmal etwas feuchter – Aufschwung, und man steht auf dem 1935 m hohen Gipfel des **Lasabergs** ❹ mit seinem schlichten Holzkreuz, unter dem immer wieder Bergmessen abgehalten werden. Bei guter Sicht reicht der Blick von den Lungauer Bergen bis weit in die Hohen Tauern, die Radstädter und Schladminger Tauern sowie ins Kärntner Nockgebiet. Ein großer Orientierungstisch hilft, den Überblick zu behalten. Der Abstieg erfolgt auf dem Aufstiegsweg.

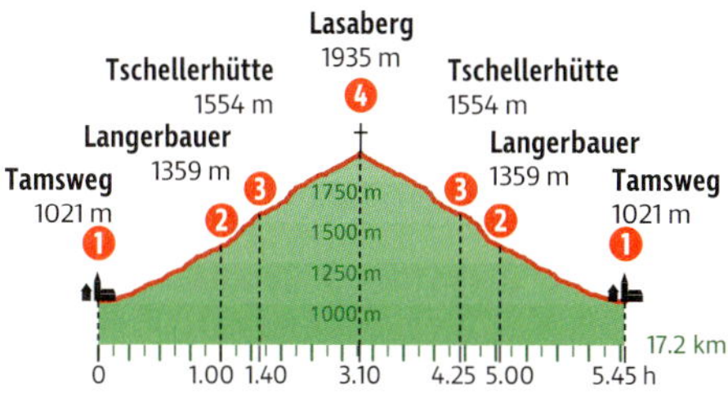

↗ 230 m | ↘ 230 m | 6.7 km

34 Tamsweger Rundweg

2.30 h

Hoch über dem Lungauer Becken

Der gemütliche und recht abwechslungsreiche Höhenweg führt im Süden von Tamsweg abseits von jedem Verkehr durch schattige Wälder und blühende Wiesen, die immer wieder den Blick auf die gotische St. Leonhardskirche und das breite Murtal mit den Gipfeln der Hohen Tauern im Hintergrund freigeben. Bei schönem Wetter lässt sich die Wanderung beliebig ausdehnen, kann aber auch – etwa bei einem plötzlichen Regen – an mehreren Stellen problemlos abgekürzt werden.

Ausgangspunkt: Marktplatz in Tamsweg, 1021 m. Großer Parkplatz an der Mur. Ein weiterer Parkplatz (und möglicher Ausgangspunkt) ist an der Kreuzung Amtsgasse/Friedhofstraße/Lasabergweg am Südende von Tamsweg. Bushaltestelle »Tamsweg Marktplatz«, Bahnhof Tamsweg ca. 10 Gehminuten entfernt.
Anforderungen: Leichte Rundwanderung auf Wald- und Wiesenwegen. Der kurze Aufstieg zur Frauenhöhle verlangt bei feuchtem Wetter einige Vorsicht.
Einkehr: Unterwegs keine; diverse Gaststätten in Tamsweg.
Tipp: Ein Folder für einen wesentlich längeren Tamsweger Rundweg (5–6 Std.) liegt in der örtlichen Touristinformation auf.

Der Weg beginnt beim Gambswirt an der Südseite des Marktplatzes von **Tamsweg** ❶, 1021 m, und führt durch die Amtsgasse am ehemaligen Kapuzinerkloster (und am Parkplatz) vorbei in Richtung Sauerfeld. Etwa 200 m nach der Ortstafel zweigt der Tamsweger Rundweg Nr. 10 rechts von der Straße ab, führt leicht steigend in den Wald und biegt nach ca. 300 m nach links ab. Neben den grünen Tafeln ist der Weg nun auch deutlich rot-weiß-rot markiert. Auf einer großen Wiese wird erstmals der Blick auf das gesamte Talbecken frei. Entlang einem Zaun geht es zu einem Bach hinunter. Weiter auf die Straße nach Glanz, der man rechts kurz talwärts folgt und

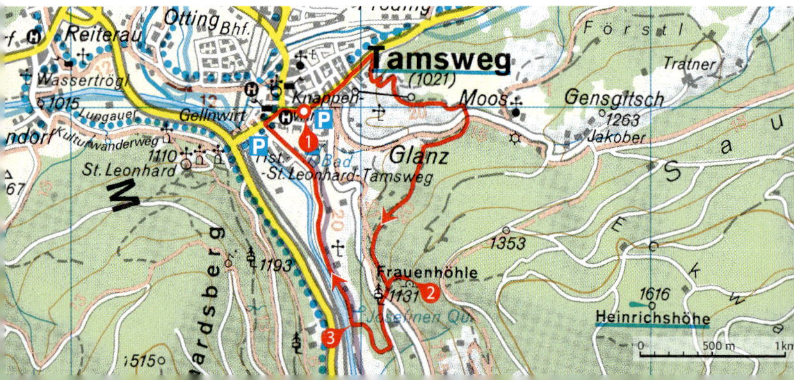

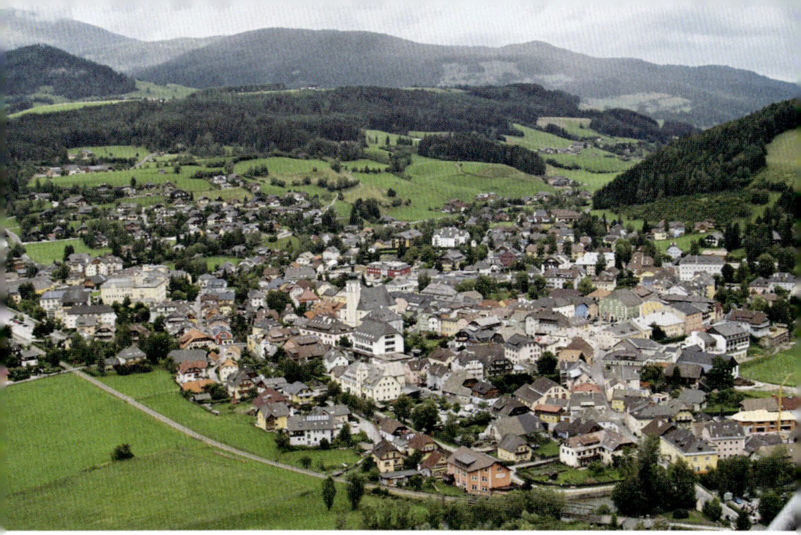

Der Bezirksort Tamsweg.

sogleich wieder links – nun auf Weg Nr. 11 – in den Wald aufsteigt. Im sanften Auf und Ab geht es über manchmal etwas feuchte Wiesen bis zur Luegebene an der asphaltierten Straße auf den Lasaberg. Wenige Minuten vorher weist ein Schild zur Frauenhöhle, die einen Besuch wert ist. Das schmale Steiglein windet sich in vielen Serpentinen etwa 70 m empor. Eine steile Treppe hilft, den letzten Felsaufschwung gefahrlos zu überwinden. Nach etwa 15 Minuten steht man in der **Frauenhöhle** ❷, 1200 m, von der sich ein reizvoller Blick auf das südliche Murtal bietet. Der Sage nach fanden bei den Türkeneinfällen Frauen und Kinder in der Höhle sicheren Schutz.

Nach einer kurzen Rast unter einer mächtigen Baumgruppe an der Fahrstraße führt die Markierung auf einer Schotterstraße in Richtung Micheinbauer, verlässt die Straße aber schon nach etwa 200 m halb rechts in den Wald zur Mur hinunter.

Geradeaus weiter führt die Straße beim Micheinbauern zu einem sehenswerten hölzernen »Troadkasten« (siehe Foto auf Seite 15), der durch seine gediegene Zimmermannsarbeit und die reiche bäuerliche Schnitzerei besticht. Zurück zur markierten Abzweigung und teilweise ziemlich steil durch den Wald zur asphaltierten **Murpromenade** ❸, 1009 m, der man nach rechts flussaufwärts bis zum Murweg im Ort folgt. Wieder nach rechts bergauf und in wenigen Minuten zum Marktplatz von **Tamsweg** ❶, dem Ausgangspunkt der Wanderung.

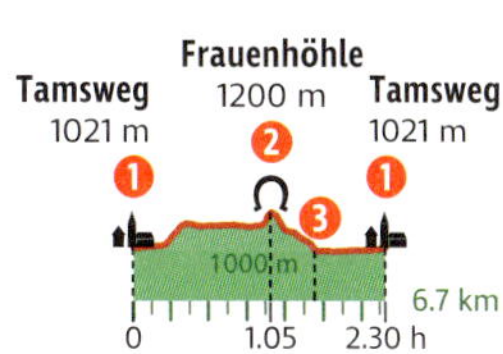

↗ 350 m | ↘ 350 m | 8.2 km

35 Rund um den Mitterberg

3.15 h

Höhenwanderung zwischen Mur- und Taurachtal

Vom Mitterberg, dem markanten Höhenzug zwischen Mur- und Taurachtal, sieht man die einzelnen Täler des Lungau wie auf einer gewaltigen Reliefkarte aufgefädelt. Ein Anblick, der sich in dieser Prägnanz wohl nur selten bietet.

Ausgangspunkt: Waldgasthof Passegger, 1090 m. Von Tamsweg, 1021 m, auf der B 95 ca. 4 km in Richtung Mauterndorf, links (südlich) abbiegen, Hinweistafel »Gasthof Passegger« mit Parkmöglichkeit.
Anforderungen: Einfache Wanderung auf schönen Wald- und Wiesenwegen. Der Weg ab dem Frimlhof zurück zum Ausgangspunkt verlangt Orientierungsvermögen und sollte nur bei trockenem Wetter begangen werden.
Einkehr: Unterwegs keine. Waldgasthof Passegger nur mehr Bewirtung für Urlaubsgäste, Jausenstation Friml ist geschlossen.
Tipp: Zwei sehr makabre Zeugen vergangener Gerichtsbarkeit liegen im Passeggerwald nördlich der Bundesstraße 95 bei der Abzweigung nach Lintsching (Parkplatz). Der gut markierte Rundweg führt in etwa 30 Min. zur einstigen Richtstätte, an der die grausamsten Urteile vollstreckt wurden, und zur knapp danebenliegenden einstigen Hexenverbrennungsstätte.

Beim **Waldgasthof Passegger** ❶, 1090 m, beginnt südlich zwischen dem Gasthaus und einem Wirtschaftsgebäude der gelb markierte Weg, der bald auf eine Forststraße trifft. Kurz nach rechts und sogleich wieder links auf den markierten Lungauer Kulturwanderweg einbiegen, der nach etwa 30 Minuten völlig eben am Grat des Mitterberges zum schön gelegenen **Grubergut** ❷, 1405 m, führt. Eine Tafel in der Nähe des Hofes weist hier auf einen Aussichtspunkt hin, den man sich auf keinen Fall entgehen lassen sollte. Wie die Speichen eines Rades bieten sich die nördlichen Täler

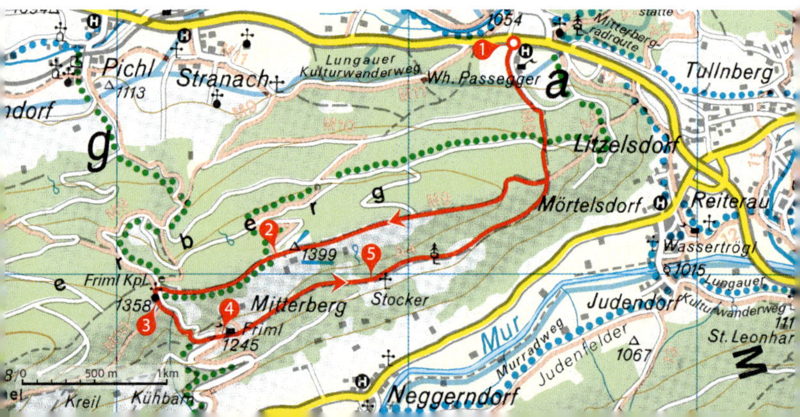

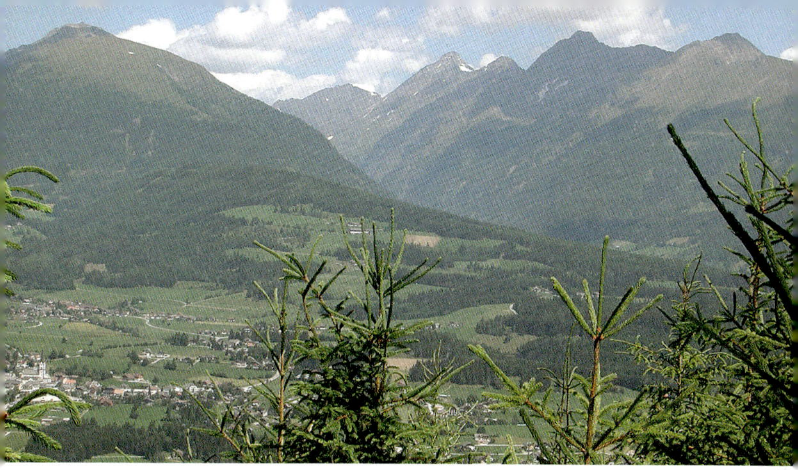

Blick vom Mitterberg ins Göriachtal, links vorne Mariapfarr.

des Lungau dar, getrennt vom Gurpitscheck im Westen, der Lungauer und Steirischen Kalkspitze bis zum Hochgolling und Preber im Osten. Im weiten Becken liegt das sonnige Mariapfarr.
Weiter am Kamm bis zur Abzweigung am **Kojettsattel** 3, 1358 m. Hier links in Richtung Frimlhof. Bei einer kleinen Kapelle, wenige Schritte nach dem Kojettsattel geht es links steil bergab zur ehemaligen Jausenstation **Frimlhof** 4, 1245 m. Zwischen Stall und Haupthaus nach links und immer auf etwa gleicher Höhe auf den etwas verwachsenen alten Weg mit der verblassten Markierung A 4 bleiben. Entlang des Bergrückens gleitet der Blick jetzt ins breite Murtal mit seinen vielen kleinen Weilern und auf die sanften Höhen des Schwarzenbergs auf der gegenüberliegenden Seite des Tales, bis sich schließlich Tamsweg und die weithin sichtbare Wallfahrtskirche St. Leonhard zeigen. Nach dem jahrhundertealten **Stockergut** 4, 1200 m, zweigt die hier recht unscheinbare gelbe Markierung bei einigen Bäumen halb rechts ab. Nach knapp 1 Std. ab dem Frimlhof trifft man auf eine Forststraße, die man bei einer scharfen Linkskurve verlässt. Geradeaus weiter durch den Wald, bergab bis zu einer weiteren Forststraße. Hier links und nach etwa 15 Minuten trifft man auf den Aufstiegsweg, der nach rechts wieder zum **Waldgasthof Passegger** 1 führt.

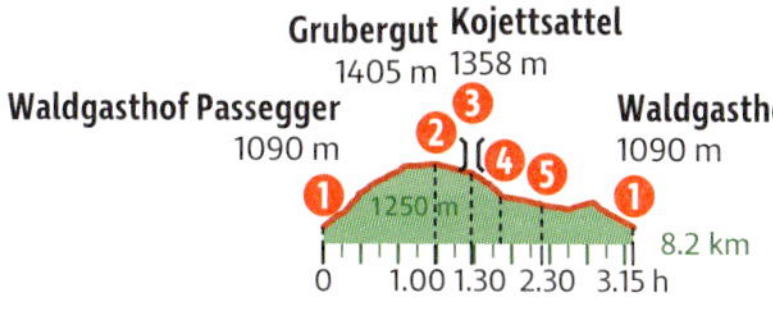

↗ 430 m | ↘ 990 m | 10.3 km

36 Kleiner Königstuhl, 2254 m

4.30 h

Karges Hochtal in den Lungauer Nockbergen

Im Gegensatz zum Winter fristet die Karneralm im Sommer ein ziemliches Dornröschendasein. Nur wenige Touristen verirren sich in dieses weitläufige Hochtal, in dem problemlos abseits der Wege auf den weitläufigen Höhenrücken gewandert werden kann. Da keine öffentlichen Busse die Karneralm anfahren, lässt sich die vorgestellte wunderschöne Tour über weite Almwiesen fast nur mit zwei Autos bequem bewältigen.

Ausgangspunkt: Karneralm, 1893 m. In Ramingstein, 974 m, nach Süden abbiegen (Hinweistafel »Karneralm«) und durch den Mislitzgraben ca. 8,5 km Parkplatz auf der Karneralm.
Endpunkt: Mislitzgraben, 1335 m. Parkmöglichkeit neben einem Kleinkraftwerk.
Anforderungen: Großteils leichte Bergwanderung, meist über weite Hochalmen. Im Gipfel- und Gratbereich einige ausgesetzte Stellen.
Einkehr: Niggeihütte, Tel. +43 6475 340, Mitte Juni bis Anfang Sept.
Tipps: 1. Auf der Straße zur Karneralm nach ca. 6 km bei einer leichten Linkskurve (Parkplatz, Hinweistafel) Aufstieg zur Platschalm (Mitte Juni–Ende Sept.) markierter Weg (ca. 1.30 Std.)
2. Besichtigung Burg Finstergrün und Schaubergwerk in Ramingstein.

Direkt beim Parkplatz auf der **Karneralm** ①, 1893 m, zweigt östlich der gut rot-weiß markierte Weg zum Kleinen Königstuhl ab. Zuerst auf einem breiten Fahrweg zwischen den zahlreichen Ferienhäusern, dann biegt der Weg

Die idyllisch gelegene Niggeihütte.

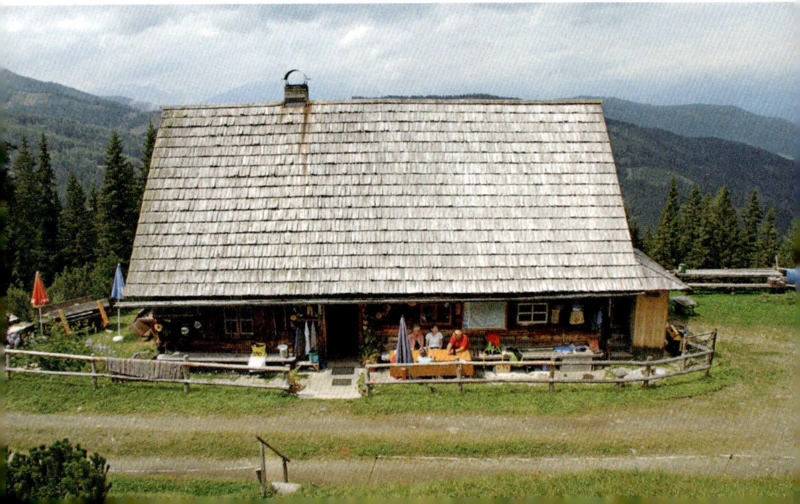

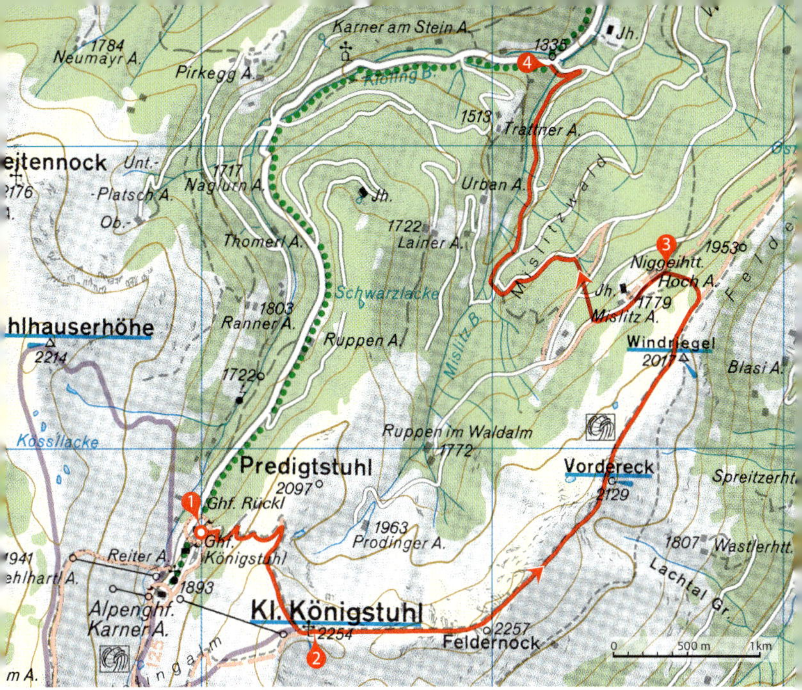

rechts ab, wird zum Steig und zieht entlang einem Zaun steil zum Gipfel empor. Gut windgeschützt, lässt sich vom **Kleinen Königstuhl** ❷, 2254 m, das Nockgebiet mit seinen sanften Höhenzügen wunderbar überblicken. Im leichten Auf und Ab, gewürzt mit einigen unproblematischen Kletterstellen, geht es auf breiten Wiesenhängen und fast immer dem Gratverlauf folgend in Richtung der wenig spektakulären Gstoßhöhe (1890 m) zu. Nach knapp 2 Std. trifft man auf ein weithin sichtbares großes Steinmandl mit einer deutlichen rot-weißen Markierung. Hier scharf links (Westen) abbiegen und weglos durch den schütteren Wald direkt zur **Niggeihütte** ❸, 1779 m, absteigen. Nun geht es auf der Forststraße nach Südwesten leicht bergab zur Hochalm, einem kleinen Hüttendorf. Bei einem großen Jagdhaus nach rechts um das Haus herum direkt hinunter zur Straße durch den **Mislitzgraben** ❹, 1335 m, wo ein zweites Auto warten sollte.

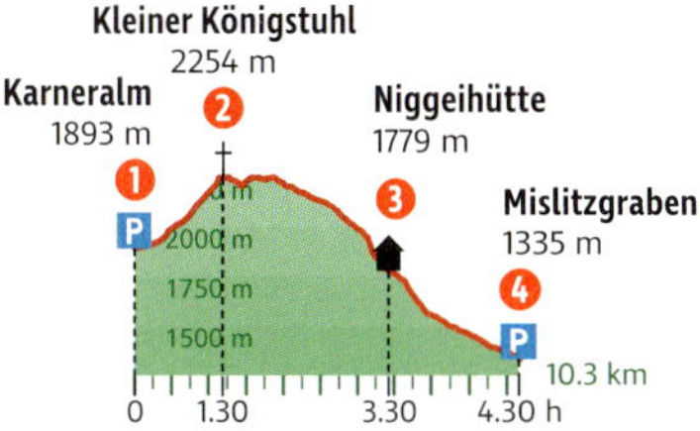

TOP

↗ 720 m | ↘ 720 m | 11.5 km

37 Großer Königstuhl, 2336 m

6.00 h

Leicht erreichbares und aussichtsreiches Dreiländereck

Das Schönfeld wird heute von weitläufigen Almen dominiert. Einst war es ein ertragreiches Bergbaugebiet, auf dessen Spuren man immer wieder stößt. Knapp nach der Ortschaft Bundschuh steht ein mächtiger musealer Hochofen, taleinwärts finden sich immer wieder Reste von ehemaligen Knappenhütten, und am Talende sind erzbraune Abraumhalden und Stolleneingänge stumme Zeugen längst stillgelegter Bergwerke.

Ausgangspunkt: Dr.-Josef-Mehrl-Hütte, 1730 m, in Schönfeld. Von Tamsweg in Richtung St. Michael auf der B 96 nach St. Margarethen im Lungau weiter in Richtung Thomatal, Abzweigung Bundschuh-Schönfeld in Richtung Innerkrems (Kärnten). Parkmöglichkeit bei der Dr.-Josef-Mehrl-Hütte.
Anforderungen: Einfache, aber lange Bergtour.

Einkehr: Unterwegs keine. Dr.-Josef-Mehrl-Hütte, AV, Tel. +43 4736 320, alpenverein.at/drjosefmehrlhuette, Mitte Mai bis Ende Sept., Nächtigung.
Tipps: 1. Historischer Hochofen mit Museum in Bundschuh.
2. »Die Heilige Familie«, aus Zirbenstämmen herausgeschnittene lebensgroße Holzskulpturen, im Schönfeld (Hinweistafeln an der Straße zur Mehrl-Hütte).

Der Rosaninsee am Fuß des Großen Königstuhl.

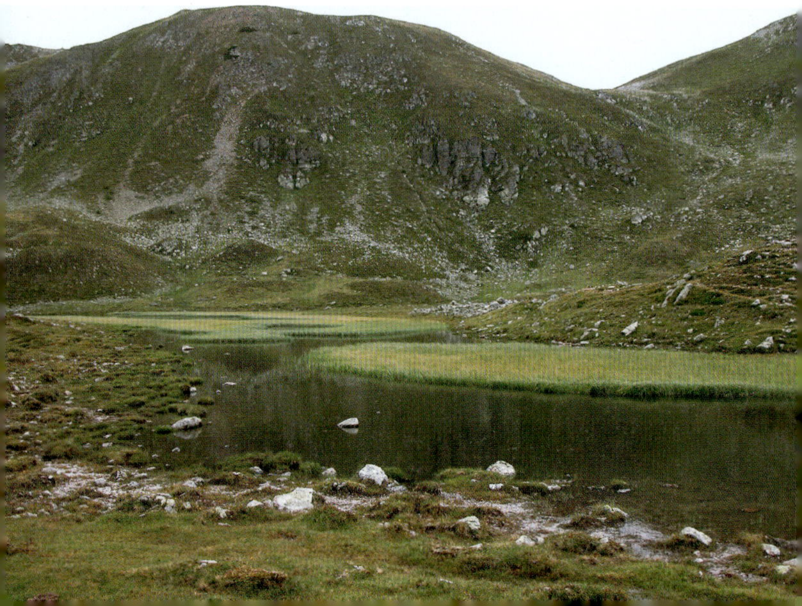

Von der **Dr.-Josef-Mehrl-Hütte** ❶, 1730 m, zuerst auf der Straße in Richtung Innerkrems. Nach der Brücke zweigt der rot-weiß-rot markierte Almweg Nr. 126 links – südöstlich – zum Großen Königstuhl ab. Meist entlang dem mäandrierenden Kremsbach erreicht man auf dem nun schon recht schmalen und manchmal feuchten Weg den teilweise verwachsenen **Rosaninsee** ❷, 2050 m. Zügig aufwärts trifft man auf den Weg Nr. 125 und steht nach weiteren etwa 30 serpentinenreichen Minuten am Gipfel des 2336 m hohen **Großen Königstuhl** ❸, dem Treffpunkt der Landesgrenzen von Salzburg, Kärnten und der Steiermark. Der Blick ist von diesem herrlichen Aussichtsberg nach allen Seiten fast grenzenlos.

Der Rückweg führt zuerst wieder bis zur Abzweigung oberhalb des Rosaninsees, wo man entweder den direkten Weg (wie Aufstieg) zurück zur Dr.-Josef-Mehrl-Hütte nimmt oder die zwar etwas mühsamere, aber schöne Nockbergwanderung vorzieht. Dazu wandern wir auf dem Weg Nr. 125 in einem recht abwechslungsreichen Auf und Ab über die **Friesenhalshöhe** ❹, 2246 m, das **Seenock** ❺, 2260 m, den **Vogelsangberg** ❻, 2207 m, das **Sauereggnock** ❼, 2240 m, und das **Stubennock** ❽, 2092 m, dann steil bergab und vorbei an den stillgelegten Resten des einstigen Erzbergbaues zur **Dr.-Josef-Mehrl-Hütte** ❶.

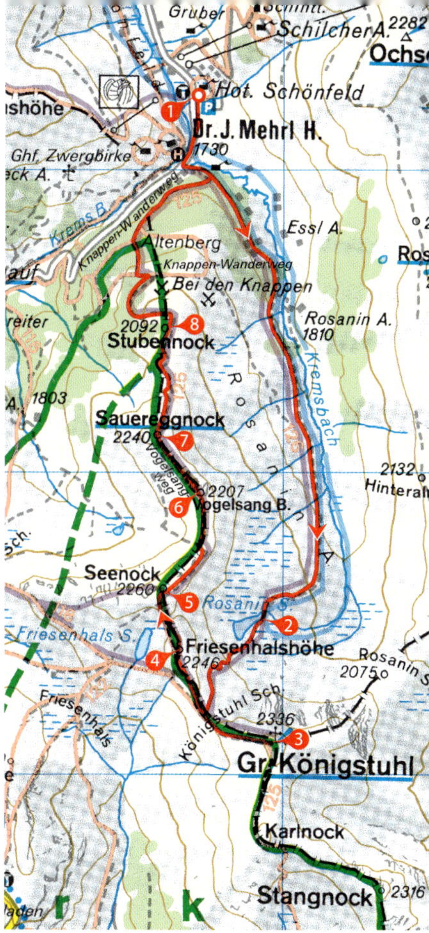

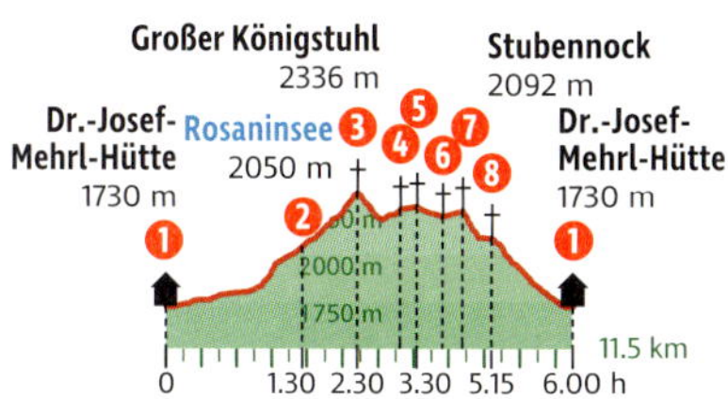

↗ 560 m | ↘ 1000 m | 12.3 km

38 Gaipahöhe, 2192 m

5.30 h

Lange Wanderung über stille Almmatten im Nockgebiet

Diese Wanderung im salzburgisch-kärntnerischen Nockgebiet mit seinen zahlreichen baumlosen Gipfeln führt über fast endlos weite Grasmatten mit außergewöhnlicher Blütenvielfalt und bietet eine prachtvolle Aussicht zu den Gailtaler und Gurktaler Alpen sowie den Schladminger und Hohen Tauern.

Ausgangspunkt: Dr.-Josef-Mehrl-Hütte, 1730 m, in Schönfeld. Von Tamsweg in Richtung St. Michael auf der B 96 nach St. Margarethen im Lungau weiter in Richtung Thomatal, Abzweigung Bundschuh-Schönfeld in Richtung Innerkrems (Kärnten). Parkmöglichkeit bei der Dr.-Josef-Mehrl-Hütte.

Endpunkt: Bergbaumuseum in Bundschuh. Retour zum Ausgangspunkt mit zweitem Auto.

Anforderungen: Einfache, aber lange Bergwanderung mit mehreren kurzen Gegenanstiegen, teilweise ziemlich feucht.

Einkehr: Unterwegs keine. Dr.-Josef-Mehrl-Hütte, AV, Tel. +43 4736 320, alpenverein.at/drjosefmehrlhuette, Mitte Mai bis Ende Sept., Nächtigung.

Tipps: 1. Historischer Hochofen mit Museum in Bundschuh. 2. »Die Heilige Familie«, aus Zirbenstämmen herausgeschnittene lebensgroße Holzskulpturen, im Schönfeld (Hinweistafeln an der Straße zur Mehrl-Hütte).

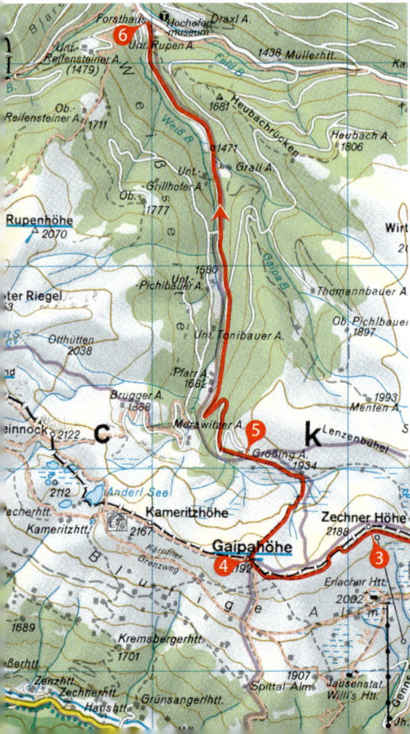

Direkt bei der **Dr.-Josef-Mehrl-Hütte** ❶, 1730 m, beginnt der anfangs ziemlich steile Anstieg auf die **Mattehanshöhe** ❷, 2086 m, mit der Bergstation eines kleinen Skiliftes. Der kurze Abstecher zu den liebevoll restaurierten Knappenhäusern etwas rechts des rot-weiß markierten Weges ist lohnenswert. Im wei-

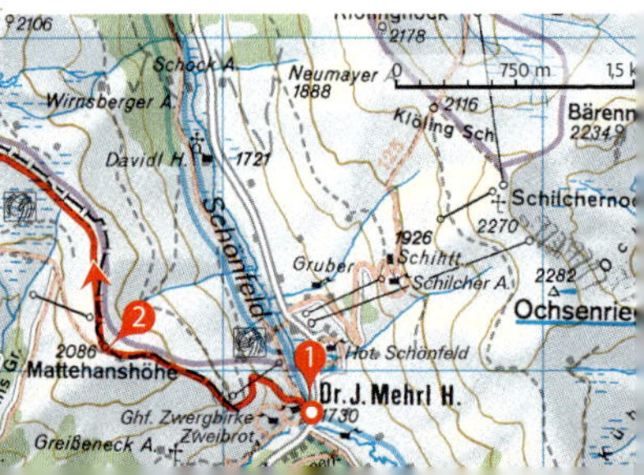

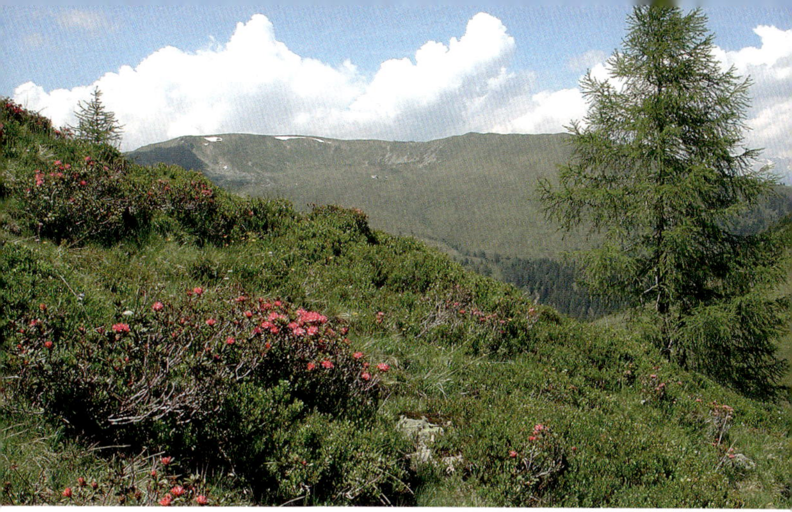

Über blühende Almwiesen zur unscheinbaren Gaipahöhe.

ten Bogen geht es auf die rund 100 m höhere **Zechnerhöhe** ❸, 2188 m. Der Weg verläuft jetzt wesentlich flacher und führt entlang der Landesgrenze zwischen Salzburg und Kärnten auf die ausgeprägte Graskuppe der **Gaipahöhe** ❹, 2192 m, mit einem schlichten Kreuz, einem kleinen Orientierungstisch und einem wunderbaren Blick auf die sanften Hügel der Kärntner Nockberge.

Der Abstieg erfolgt nach rechts – nördlich – über einen steilen und stellenweise feuchten Wiesenhang zur schön gelegenen, aber unbewirtschafteten **Größingalm** ❺, 1934 m, wobei man sich besser immer etwas links der Almhütte hält. Bald trifft man auf die Aufschließungsstraße zur Größingalm, der man etwas eintönig bis zum **Bergbaumuseum in Bundschuh** ❻, 1290 m, folgt. Auf die Markierung achten, die mehrmals ein Stück der Straße abschneidet. Rückkehr zur Mehrl-Hütte mit zweitem Auto.

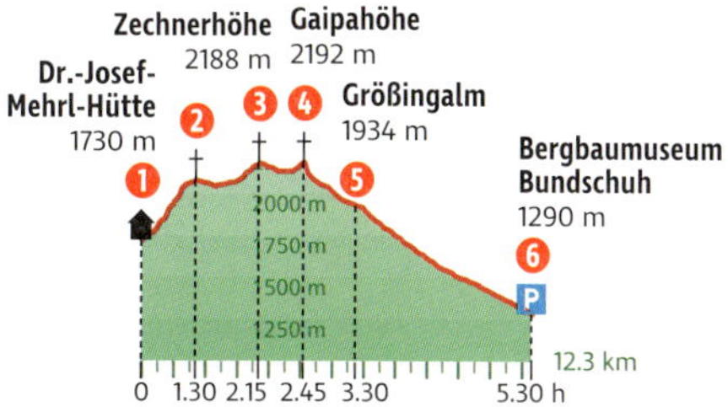

↗ 740 m | ↘ 740 m | 13.1 km

39 Durch den Leisnitzgraben

4.45 h

Wandern auf geschichtsträchtigem Boden

Durch den Leisnitzgraben führte die von den Römern einstmals angelegte Straße von Kärnten nach Salzburg. Drei römische Meilensteine sind noch an ihrem ursprünglichen Standort erhalten geblieben und zeugen von dieser straßenbaulichen Meisterleistung. Ein vierter ist an der Außenwand der Pfarrkirche von St. Margarethen zu sehen.

Ausgangspunkt: St. Margarethen im Lungau, 1065 m, Parkplatz vor der Kirche, kleiner Parkplatz auch am Beginn des Leisnitzgrabens. Bushaltestelle »St. Margarethen im Lungau Ortsmitte«.
Anforderungen: Einfache Bergtour.
Einkehr: Kößlbacher Alm, Tel. +43 664 2113 711, Mitte Juni bis Ende Sept., Di Ruhetag; Branntweinerhütte, Tel. +43 664 5333 155, Anfang Juli bis Anfang Sept., Di Ruhetag, Nächtigung; Gasthof Schlögelberger, Tel. +43 6476 313, schloegelberger.at, ganzjährig (Di und Mi nur abends).
Varianten: 1. Vom Beginn des Leisnitzgrabens führen mehrere gut markierte Wege zum Gasthof Schlögelberger. Einer davon ist der fast meditative »Wasserweg«. Kinder der Volksschule St. Margarethen haben ihn mit vielen bunten Mosaiken versehen. Zahlreiche Schautafeln informieren zudem über die neu errichtete Wildbachverbauung. Gehzeit ab Leisnitzgraben bis Schlögelberger einschließlich der Betrachtung der Kinderzeichnungen 1.30 Std., sonst 1 Std.
2. Für den Aufstieg zum Gasthaus Schlögelberger empfiehlt sich die Fahrstraße. Der alte Fußweg, der etwa bei der Hälfte des Aufstieges nach links in den Wald abzweigt, ist sehr steil und steinig.

Vom Parkplatz in **St. Margarethen** ❶, 1065 m, folgt man dem rot-weiß markierten Weg Nr. 82 entlang dem einstmals wegen seiner verheeren-

Viele kleine und große Verbauungen zähmen den Leisnitzbach.

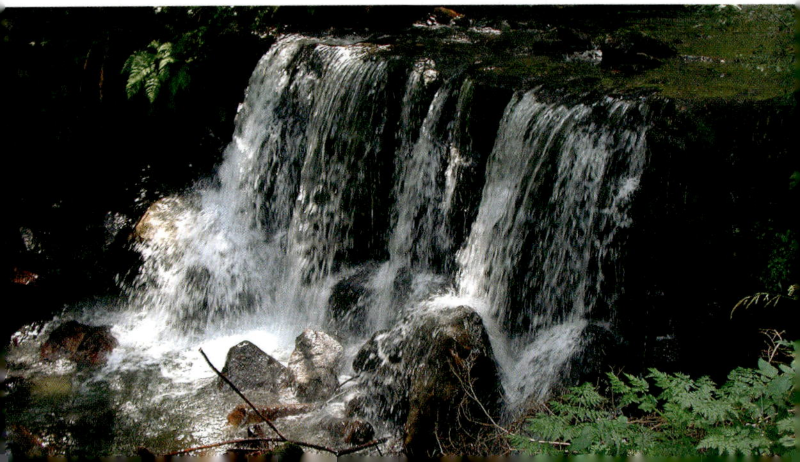

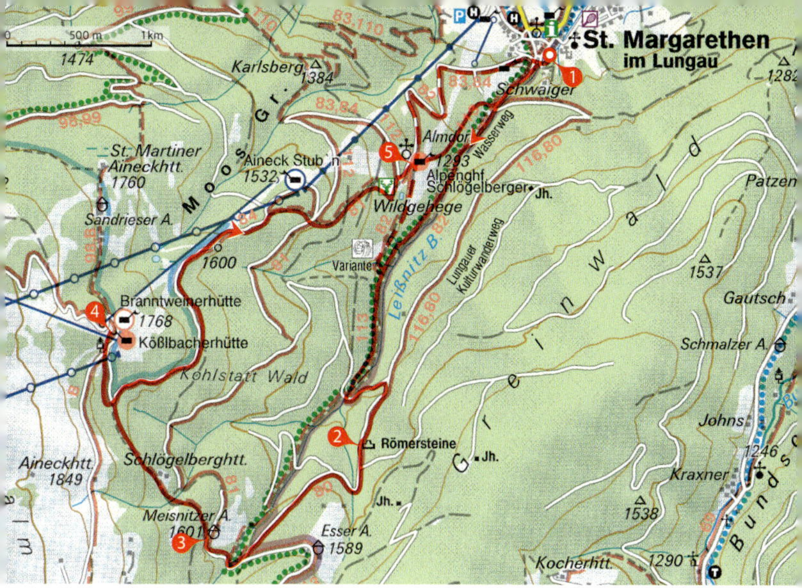

den Hochwasser gefürchteten Leisnitzbach. Heute ist er mit vielen kleinen alten und gewaltigen neuen Wildbachverbauungen weitgehend gezähmt. Nach 1 Stunde mündet der inzwischen zum Steiglein gewordene Weg bei einer Brücke wieder in eine Forststraße, der man nach links – Hinweistafel »Römersteine« – und wenig später bei einer Kreuzung rechts aufsteigend folgt. Nach etwa 20 Minuten sind diese Zeugen römischer Straßenbaukunst im Wald links der Straße (Hinweistafel) zu sehen 2, 1450 m.
Gut 30 Minuten auf der Straße weiter bis zu einer Abzweigung nach rechts – nun blau markiert – zur **Meisnitzer Alm** 3, 1601 m, (nicht bewirtschaftet), dann zur **Kößlbacher Alm** 4, 1768 m, direkt an der Seilbahn auf das Aineck, 2210 m, und zur gleich daneben liegenden Branntweinerhütte.
Auf der Straße nach St. Margarethen geht es dem Tal zu. In der Nähe der Mittelstation der Seilbahn zweigt der Weg wesentlich schöner und angenehmer in den Wald ab und leitet direkt zum **Gasthof Schlögelberger** 5, 1293 m, mit seinem großen Wildgehege. Über einen Wiesenhang hinter dem Gasthof führt ein Weg abseits der Straße zurück nach **St. Margarethen** 1.

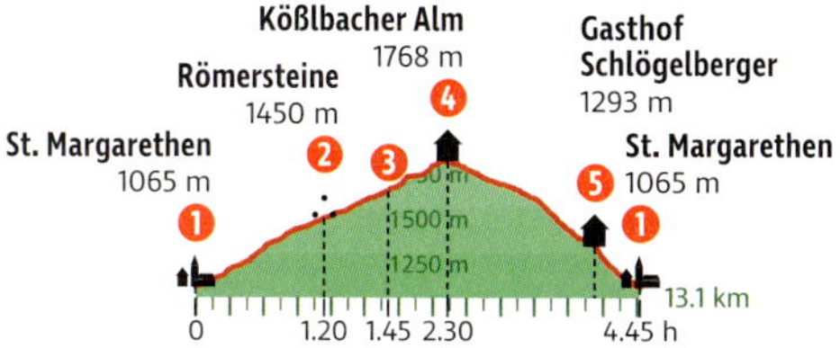

↗ 850 m | ↘ 850 m | 14.8 km

40 Laußnitzsee, 2001 m

5.00 h

Ein Abstecher in die Kärntner Nockberge

Die Nockberge im Salzburgisch-Kärntnerischen Grenzgebiet sind ein Wandergebiet von ganz besonderem Reiz. Meist oberhalb der Baumgrenze, kann man völlig gefahrlos über weite, sanft geschwungene Wiesenhänge wandern und sich dabei der beruhigenden Schönheit der Landschaft hingeben. Wie es heißt, war die Gegend einst dicht bewaldet. Christoph Columbus soll das Holz dieser Bäume als das beste für seine Schiffe, mit denen er sich auf die Fahrt in die Neue Welt aufmachte, befunden haben und ließ dafür die Wälder abholzen – zumindest eine nette Legende.

Ausgangspunkt: Zwischen St. Margarethen im Lungau und Thomatal nach Süden in Richtung Innerkrems in Kärnten abbiegen. Kleiner Parkplatz wenige hundert Meter nach Bundschuh bei der Hubertuskapelle, 1290 m.
Anforderungen: Leichte Bergwanderung auf gut markierten Almstraßen und Wegen.
Einkehr: Neue Bonner Hütte, AV, Tel. +43 699 1152 1051, neue-bonner-huette.de, Pfingsten bis Anfang Okt., Nächtigung.
Variante: Vom Laußnitzsee noch auf markiertem Weg in Richtung Roter Riegel (2153 m) und weiter weglos hoch über dem See die ausgedehnten Almmatten samt Aussicht auf die Kärntner Nockberge genießen. Rund um den See gelangt man wieder zurück zur Hauptroute.

Bei der neuen Hubertuskapelle knapp vor dem historischen Hochofen in **Bundschuh** ❶, 1290 m, beginnt der markierte Weg zur Neuen Bonner Hütte. Bei der Kreuzung mit einer Almstraße geht es nach rechts und bald auf Weg Nr. 113 auf ein weites Almgelände mit einigen dunklen Sumpfwiesen, auf denen sich die weißen Büschel des Wollgrases breit machen, direkt zur **Neuen Bonner Hütte** ❷, 1713 m, des Deutschen Alpenvereins, die zwischen einigen Wochenendhäusern steht und die Wanderer mit deftiger Hausmannskost verwöhnt.

Jetzt schon auf Kärntner Boden, geht es auf der Straße (Weg Nr. 112) westlich bergab. Nach etwa 1 km verlässt man die Straße und biegt scharf links nach Süden auf Weg Nr. 113 ab, der jetzt bis zum Laußnitzsee führt. Bei einer Wegkreuzung in der Nähe der etwas groß

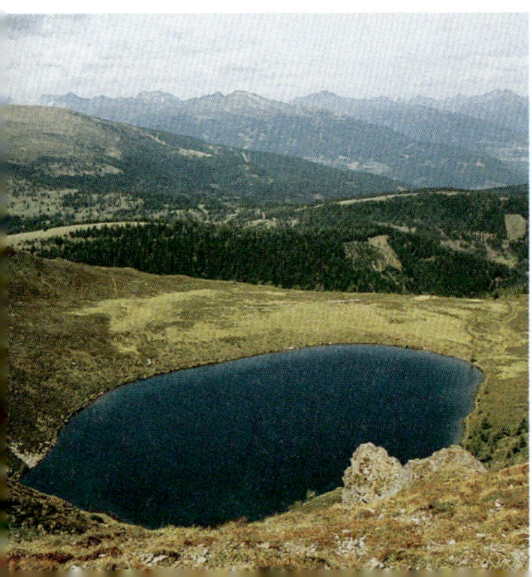

Der kleine Laußnitzssee.

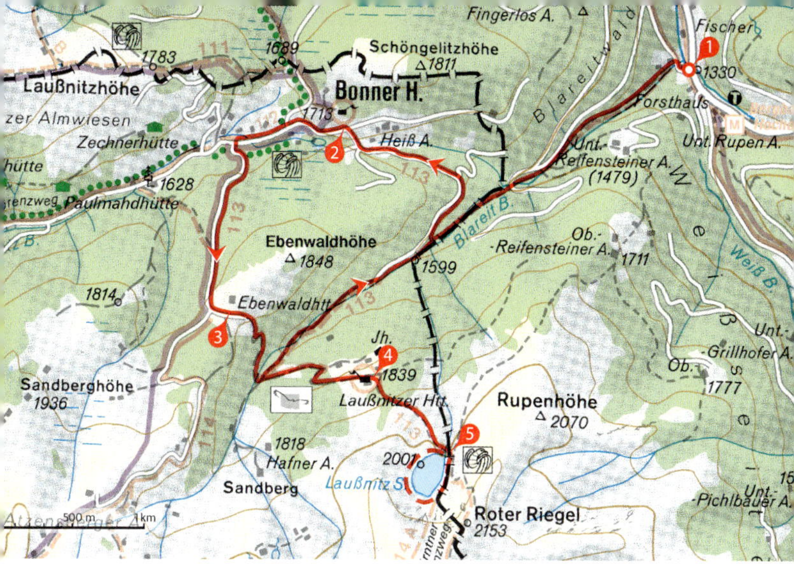

geratenen **Ebenwaldhütte** ❸, 1820 m, geht es geradeaus weiter und in einen Graben hinunter, an dessen tiefstem Punkt bei einer kleinen Brücke der Rückweg abzweigt. Schnell gewinnt man wieder an Höhe und kommt direkt zur **Laußnitzer Hütte** ❹, 1839 m, einer kleinen Selbstversorgerhütte. Gleich hinter der Hütte beginnt der anfangs zügige Aufstieg zum **Laußnitzsee** ❺, 2001 m, inmitten einer weiten Hochalm direkt vor dem 2153 m hohen Roten Riegel gelegen. Wer noch über genügend Kondition verfügt, kann den Höhenzug erklimmen. Nach einer weglosen Runde hoch über dem See ist der Abstieg zum See über das Blockgestein bei einiger Vorsicht völlig problemlos.

Der Rückweg erfolgt auf Weg Nr. 113 zurück in den Graben. Bei der kleinen Brücke zweigt der Weg vom Aufstiegsweg ab und führt an der Abzweigung zur Neuen Bonner Hütte vorbei zurück nach **Bundschuh** ❶.

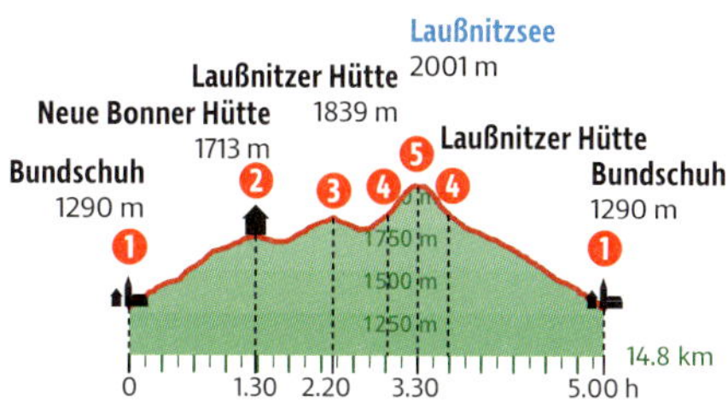

↗ 830 m | ↘ 830 m | 12.4 km

41 Kareck, 2481 m

5.30 h

Grandioser Blick auf die Hohen Tauern

Vom Tal aus zeigt sich das Kareck durch seinen felsigen Aufbau recht unnahbar. Tatsächlich führt jedoch vom eleganten Wintersportzentrum am Katschberg ein weitgehend ungefährlicher, aber steiniger Weg auf diesen markanten Aussichtsberg mit seiner großartigen Rundumsicht.

Ausgangspunkt: Katschberghöhe, 1720 m. Von St. Michael kommend auf der Katschberghöhe (1641 m) erste Straße rechts. Nach zwei Unterführungen beschränkte Parkmöglichkeit entlang der Straße beim Hotel Bacher und einem großen Hinweisschild zur Winterrodelbahn. Sommerbus zwischen Gmünd/Kärnten und St. Michael/Lungau mit Halt auf Katschberghöhe nur auf telefonische Vorbestellung (Tel. +43 4732 37175), Infos: katschberg.at. Ca. 15 Gehminuten zum Ausgangspunkt.
Anforderungen: Lange, teilweise mäßig steile Bergwanderung.
Einkehr: Pritzhütte, Tel. +43 664 2844 583, pritzhuette.com, Mitte Mai bis Ende Okt.; Gamskogelhütte, Tel. +43 664 3376 678, gamskogelhuette.at, Ende Mai bis Ende Okt., Mi Ruhetag.
Varianten: 1. Ohne Besteigung des Karecks kann diese Tour wesentlich abgekürzt werden. Kurz nach dem Hotel Bacher zweigt der markierte schmale Fußweg Nr. 18 halblinks zur bewirtschafteten Hanslbauer Alm ab. Nach einer eventuellen Rastpause folgt man weiter Weg Nr. 18 und trifft auf Weg Nr. 97. Hier nach links bergauf zur Gontalscharte (1911 m) und weiter über den Herzerlweg zur Gamskogelhütte (1850 m) und über die etwas steile Winterrodelbahn direkt zum Ausgangspunkt. Gehzeit 2 Std.
2. Wie in Variante 1 beschrieben zur

Blick von einem Gedenkkreuz am Kareck über das Pöllatal zu den Hohen Tauern.

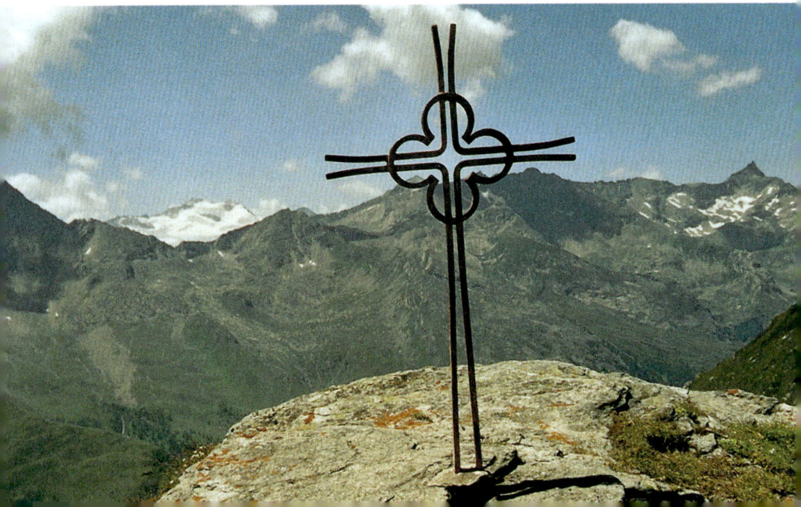

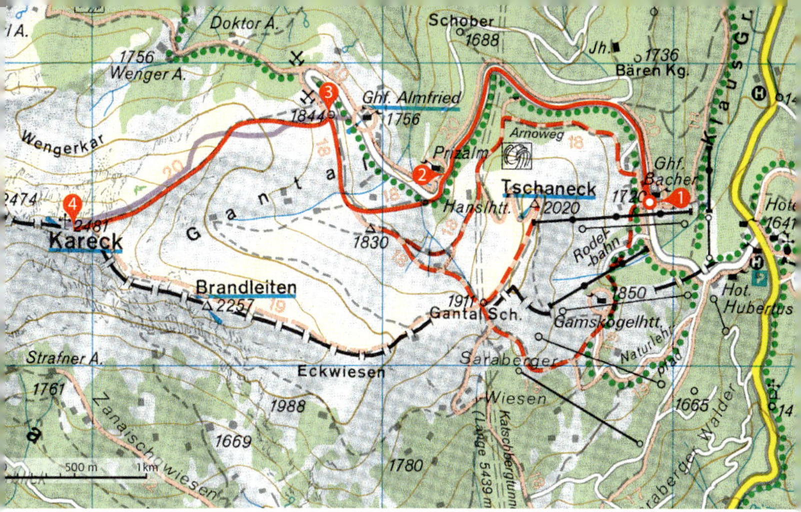

Hanslbauer Alm und Gontalscharte und hier links in ca. 1.30 Stunden unschwierig auf das 2020 m hohe Tschaneck mit einer prachtvollen Aussicht.

Hinweis: Die Besteigung des Karecks von der Gontalscharte über die Brandleiten (Absprung) wird aus Sicherheitsgründen nicht mehr markiert und ist nur erfahrenen, trittsicheren Bergsteigern vorbehalten.

Vom Parkplatz auf der **Katschberghöhe** ❶, 1720 m, führt der Weg Nr. 97 auf der Straße (oder auf dem links abzweigenden etwas kürzeren, aber steileren Fußweg Nr. 18) zur bewirtschafteten **Pritzhütte** ❷, 1740 m, und trifft dann auf den von der Gontalscharte kommenden Weg Nr. 97, dem man nach rechts (Norden) folgt, bevor man nach links in den unschwierigen, mäßig steilen, aber steinigen Aufstiegsweg 97 (20) ❸, 1844 m, auf das **Kareck** ❹, 2481 m, einbiegt.

Vom Gipfel geht der Blick zu den Hohen Tauern mit dem Hafner und der vergletscherten Hochalmspitze, zum Dachstein, zum Hochgolling und hinunter ins Kärntner Pöllatal. Der Abstieg erfolgt wie der Hinweg.

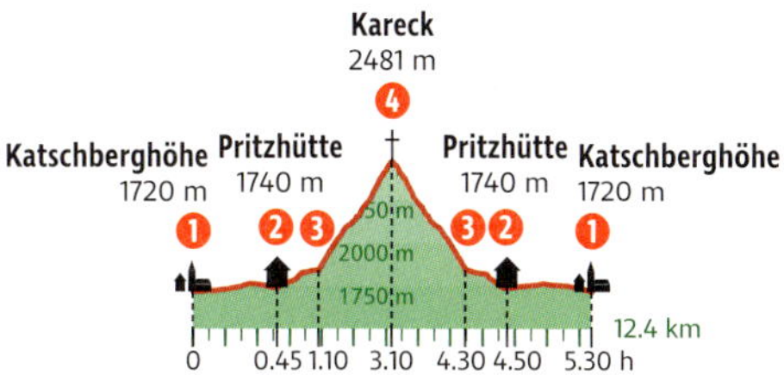

↗ 410 m | ↘ 410 m | 15.4 km

42 Stöcklalm, 1757 m

4.30 h

Besuch im Almhüttendorf

Typische Almen, bezaubernde Blumenwiesen und ein abenteuerlicher, zum Teil gesicherter Steig zeichnen diese leichte Wanderung ohne große Anstiege aus. Ziel ist die idyllisch gelegene Stöcklalm mit ihren mehreren einzeln stehenden Hütten, die ein kleines Almdorf bilden. Ein kulinarischer Höhepunkt sind die Schmankerl der Sennerin, die sie täglich frisch für ihre Gäste zubereitet.

Ausgangspunkt: Katschberghöhe, 1720 m. Von St. Michael kommend auf der Katschberghöhe (1641 m) erste Straße rechts. Nach zwei Unterführungen beschränkte Parkplätze entlang der Straße beim Hotel Bacher und einem großen Hinweisschild zur Winterrodelbahn. Sommerbus zwischen Gmünd/Kärnten und St. Michael/Lungau mit Halt auf Katschberghöhe nur auf telefonische Vorbestellung (Tel. +43 4732 37175), Infos: katschberg.at. Ca. 15 Gehminuten zum Ausgangspunkt.
Anforderungen: Auf der Forststraße Nr. 94, wenig anstrengende, auch für Kinderwagen geeignete Wanderung.
Einkehr: Pritzhütte, Tel. +43 664 2844 583, pritzhuette.com, Mitte Mai bis Ende Okt.; Stöcklalm, Tel. +43 664 1128 544, Anfang Juli bis Ende Sept. (Mi Ruhetag).
Variante: Bei der Wengeralm zweigt links ein Weg von der Forststraße Nr. 94 ab, der allerdings zeitweise etwas mühsam und steinig durch herrlichen Hochwald und über schöne Almwiesen ebenfalls zur Stöcklalm führt (für Kinderwagen nicht geeignet). Mit dem Rückweg auf der Forststraße wird die Wanderung zu einem abwechslungsreichen Rundweg.

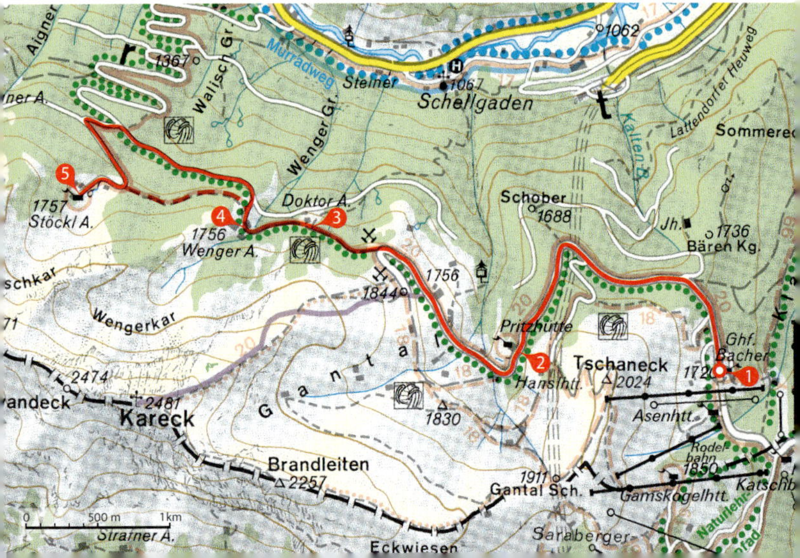

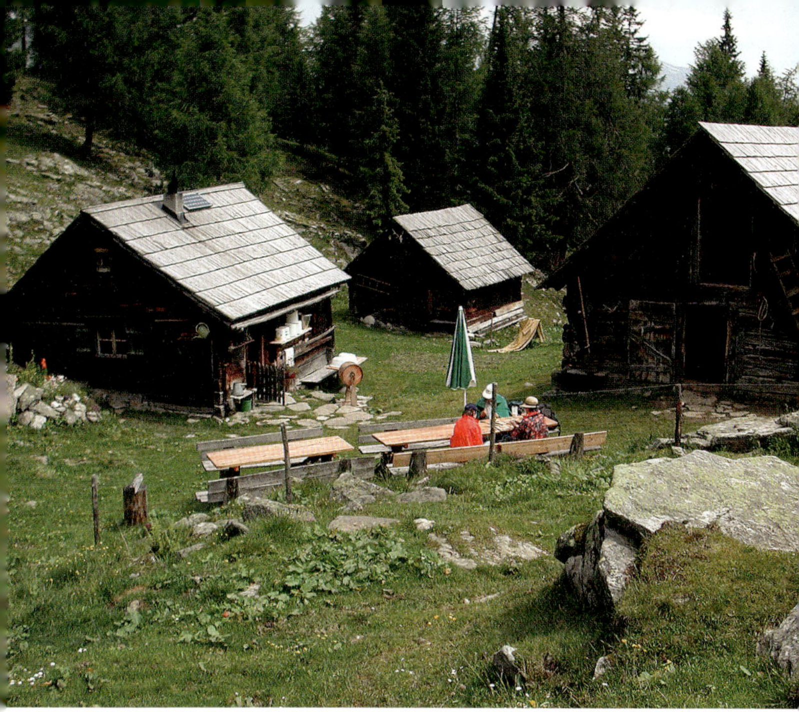

Die Stöcklalm, fast ein kleines Hüttendorf.

Vom Parkplatz auf der **Katschberghöhe** ❶, 1720 m, folgt man weiter der Forststraße Nr. 94 vorbei an der **Pritzhütte** ❷, 1738 m, der **Doktoralm** ❸, 1740 m, und zur **Wengeralm** ❹, 1756 m, (beide unbewirtschaftet). Links zweigt die Variante ab. Weiter auf der Forststraße Nr. 94 erreicht man die bewirtschaftete **Stöcklalm** ❺, 1757 m, mit ihren liebevoll gepflegten Wohn- und Wirtschaftshütten und Ställen. Bei der wohlverdienten Rast mit Köstlichkeiten aus der Almküche kann man die Aussicht auf den weiten Talkessel genießen.
Der Rückweg verläuft wie der Hinweg.

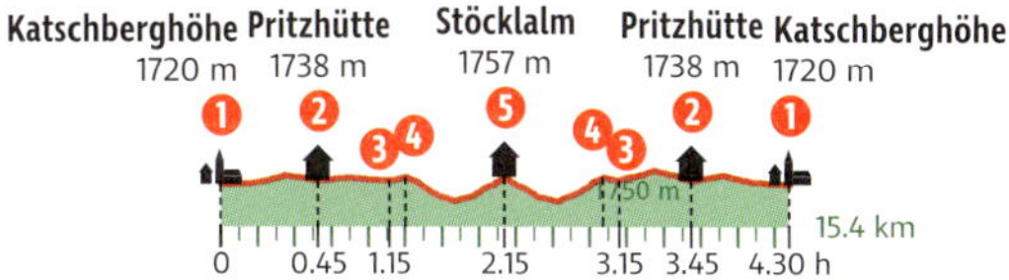

↗ 970 m | ↘ 970 m | 12.5 km

43 Treberling Spitze, 2083 m

5.30 h

Aussichtsreiche Tour für die ganze Familie

Obwohl das Twenger Lantschfeld an der Südseite der Radstädter Tauern eine überaus abwechslungsreiche Palette mit fast allen alpinen Spielarten bietet, gilt das Tal immer noch als Geheimtipp. Vielleicht liegt es am etwas raueren Klima, das schon der kaiserliche Beamte Ignaz von Kürsinger bei seiner Wanderung durch den Lungau im Jahre 1853 mit den Worten »Dieses Thale durchströmt fast beständig der Tauernwind, dessen kalte Küsse den Wanderer mit eisiger Kälte durchschauern« als leidlich unwirtlich empfand. Davon ist nicht mehr viel zu spüren, zumal der teilweise etwas steile Anstieg und der Blick auf die umgebenden Gipfel eventuell vorherrschende kühle Winde schnell vergessen lassen.

Ausgangspunkt: Tweng, 1233 m, zwischen Postgut und Gästehaus Rigele. Wenige Parkplätze im Ortszentrum, alternativ am Nordende von Tweng westlich auf der Straße ins Twenger Lantschfeld bis zur Schranke mit Parkplatz. Bushaltestelle »Tweng Ortsmitte« unweit des Ausgangspunkts.

Anforderungen: Leicht. Für den letzten Aufschwung zur Treberling Spitze sind Trittsicherheit und Schwindelfreiheit nötig.

Einkehr: Metzgerhütte, Anfang Juli bis Ende August.

Vom Ortszentrum in **Tweng** ❶, 1233 m, zweigt links über die Südliche Taurach der beschilderte Weg zur Treberling Spitze ab. Nach etwa 30 Minuten teilt sich der Weg ❷, 1353 m: rechts geht es auf die Treberling Spitze, links zur Graggaberalm und weiter auf das Schareck (Tour 44). Teils durch den Wald führt unsere Route in gut 1.30 Std. rund 430 Höhenmeter recht zügig zur bewirtschafteten **Metzgerhütte** ❸, 1730 m, hinauf, die zu einer ersten Rast einlädt. Vor der Hütte sitzend ist auf der linken Seite die Treberling

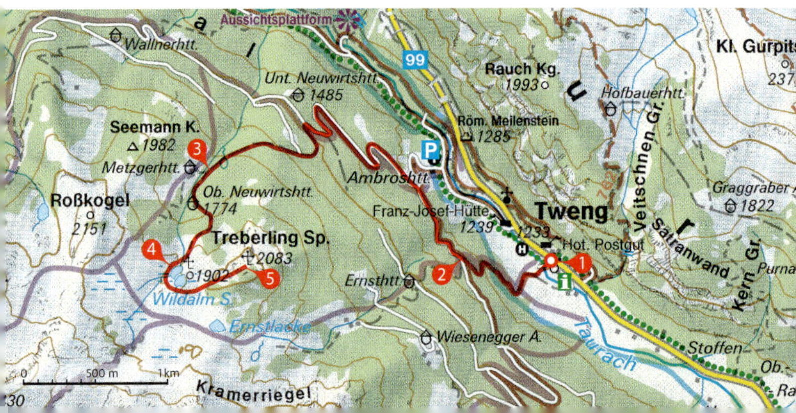

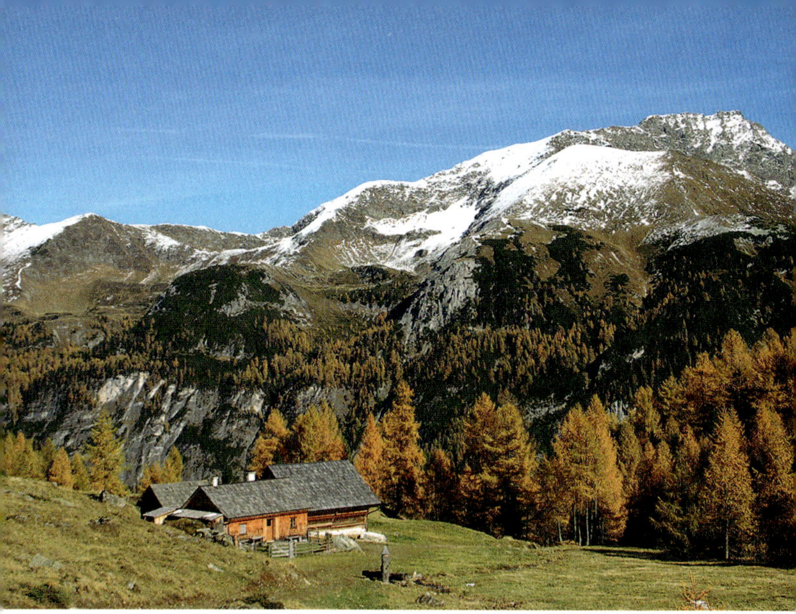

Die idyllisch gelegene Metzgerhütte am Aufstieg zum Treberling, wie er von den Einheimischen kurz genannt wird.

Spitze in ihrer vollen Pracht zu sehen. Familien mit kleineren Kindern werden hier auf dem weiten Almboden ihr Ziel schon erreicht haben.
Weniger steil und gut weiß-rot markiert geht es zuerst noch auf einem Fahrweg, der bald zum schmalen Steig wird, durch den Hochwald, der nach 45 Minuten fast unvermutet den Blick auf ein weites Tal mit einem beeindruckenden Gebirgspanorama und dem **Wildalmsee** 4, 1902 m, freigibt. Hier enden auch die Almwiesen und es beginnt der etwas beschwerlichere, halbstündige Gipfelaufstieg, der Trittsicherheit, Schwindelfreiheit und stellenweise auch den Einsatz der Hände verlangt. Hoch über der Metzgerhütte reicht dann der Blick vom »Treberling«, wie die Einheimischen die **Treberling Spitze** 5, 2083 m, nennen, von der Seekarspitze im Norden bis zum Großen Gurpitscheck im Osten. Tief unten im Tal liegt Tweng am Fuße der Radstädter Tauern.
Der Abstieg verläuft auf dem Aufstiegsweg.

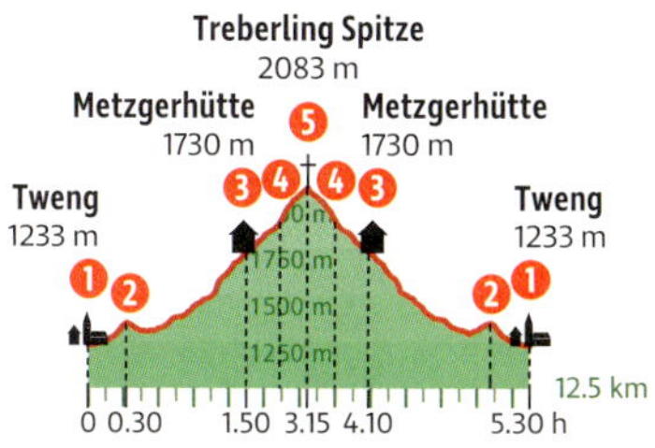

↗ 1250 m | ↘ 1250 m | 14.6 km

44 Schareck, 2466 m

7.30 h

Mächtige Felspyramide über dem Taurachtal

Von der weithin sichtbaren Pyramide des Schareck reicht der Blick über das gesamte Taurachtal bis zu den Hohen Tauern im Norden und zu den Nockbergen im Süden. Vor dem Gipfelglück ist allerdings noch ein riesiger Talkessel zu durchwandern, ehe man auf einen schmalen Grat kommt, von dem aus die Aussicht mit jedem Schritt großartiger wird.

Ausgangspunkt: Tweng, 1233 m, zwischen Postgut und Gästehaus Rigele. Wenige Parkplätze im Ortszentrum, alternativ am Nordende von Tweng westlich auf der Straße ins Twenger Lantschfeld bis zur Schranke mit Parkplatz. Bushaltestelle »Tweng Ortsmitte« unweit des Ausgangspunkts.
Anforderungen: Lange Bergtour. Beim letzten Aufschwung zum Schareck Trittsicherheit und Schwindelfreiheit nötig.
Einkehr: Unterwegs keine. Landhotel Postgut in Tweng, Tel. +43 6471 20206, postgut.at, ganzjährig geöffnet.
Varianten: 1. Etwa 2,5 km von Tweng auf der B 99 in Richtung Tamsweg zweigt bei einer Kapelle rechts – westlich – eine kleine Straße zum Laglergut ab. Parkmöglichkeit. Von hier führt ein steiler, unmarkierter Waldweg in gut 1 Std. zur Graggaberalm. Vom Laglergut etwa 100 m flussabwärts rechts auf einen Forstweg. Bei der nächsten Wegteilung rechts den Zaun entlang zuerst eben, dann immer steiler durch den Wald. Bei einer markanten Wegteilung (ca. 1430 m) links auf schmalem steilem Steig zur Lagleralm (1550 m), wo man auf den Güterweg rechts zur Graggaberalm trifft. Ab hier auf dem Hauptweg weiter. Nur für geübte Bergsteiger mit gutem Orientierungssinn.
2. Das Schareck kann auch von Mauterndorf aus bestiegen werden. Die Seilbahn

Die Felspyramide des Schareck, im Vordergrund der bewaldete Mitterberg.

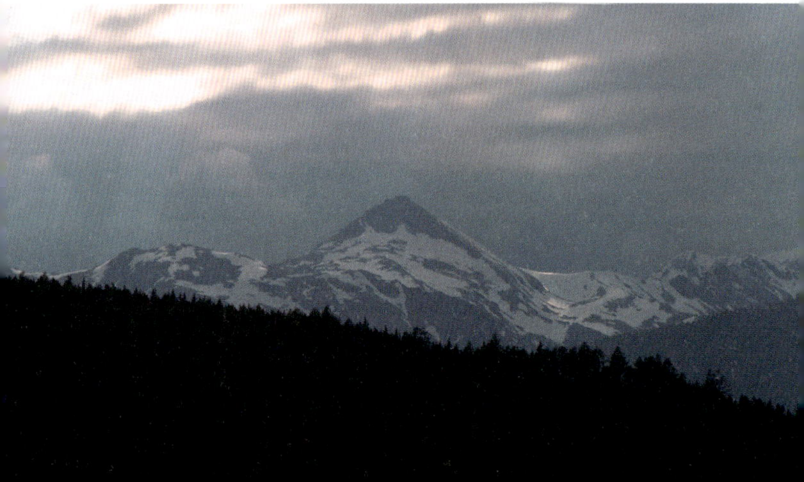

auf das 2066 m hohe Großeck erspart dabei einige mühsame Höhenmeter. Der Abstieg kann – wie unten beschrieben – nach Tweng erfolgen. Vom Großeck auf dem AV-Weg 745 zum Großen Lanschütz, 2347 m, Abstieg in eine Scharte, um die Kämpenköpfln, 2366 m, herum und Aufstieg zum Schareck. Einige heikle Gras- und Schrofenhänge, nur erfahrenen und trittsicheren Bergsteigern zu empfehlen. Ca. 3 Std.; Rückfahrt nach Mauterndorf mit dem Bus.

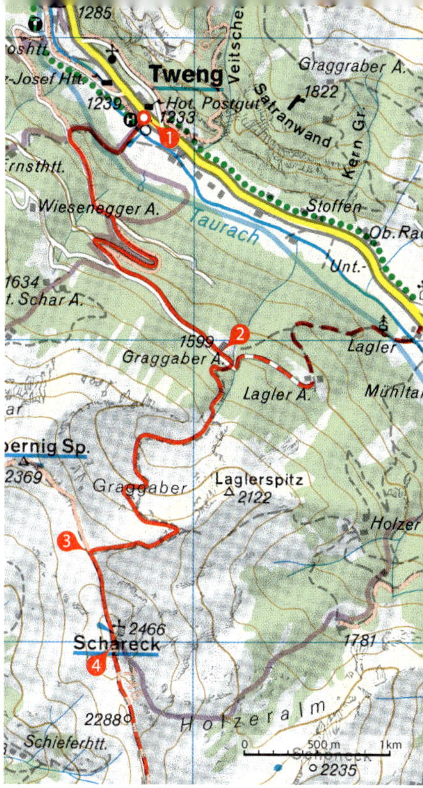

Vom Ortszentrum in **Tweng** ❶, 1233 m, links über die Südliche Taurach auf den beschilderten Weg zur Treberling Spitze. Nach etwa 30 Minuten bei der Wegteilung links auf markierter Aufschließungsstraße zur unbewirtschafteten **Graggaberalm** ❷, 1599 m. Eine Tafel weist den Weg zum Aufstieg auf das Schareck. Wenige Meter nach dieser Tafel geht es gleich rechts auf einem nur schwach markierten steilen Steig durch den Hochwald und über weite Almwiesen bis zum Ende des Talkessels. Nochmals mäßig steigend, trifft man in einer kleinen **Scharte** ❸, 2280 m, auf den AV-Weg 745, der sich vom Großeck über den gesamten Kamm bis ins Zederhaustal hinzieht. Hier teilt sich der Weg. Links (Süden) geht es auf das mächtige Schareck, rechts auf die rund 100 m niedrigere Lapernigspitze. Wer sich für das Schareck entscheidet, hat noch einen kurzen felsigen Aufschwung zu bewältigen, der einige Vorsicht verlangt. Die prächtige Aussicht vom **Schareck** ❹, 2466 m, lohnt diese Mühe allemal. Der Abstieg verläuft auf dem Aufstiegsweg.

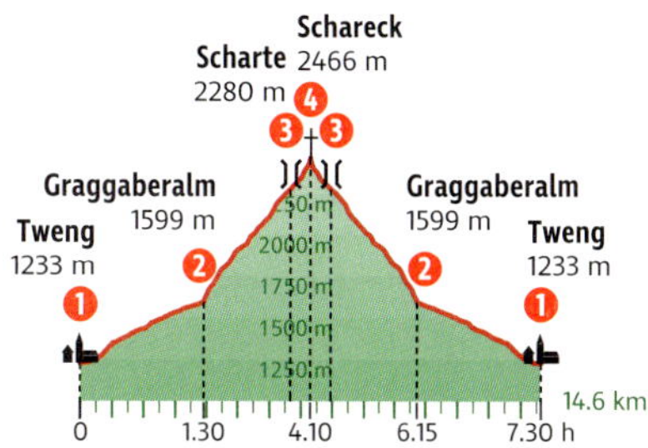

↗ 320 m | ↘ 320 m | 9.3 km

45 Am Fuße des Speiereck

3.30 h

Rundtour zum St.-Egid-Kircherl

Ziel dieser Rundwanderung ist das über 800 Jahre alte Kirchlein St. Egid hoch über dem Murtal. Der Rundweg führt an der Südseite des Speiereck recht aussichtsreich ins kleine Sonndörfl und zurück nach St. Martin.

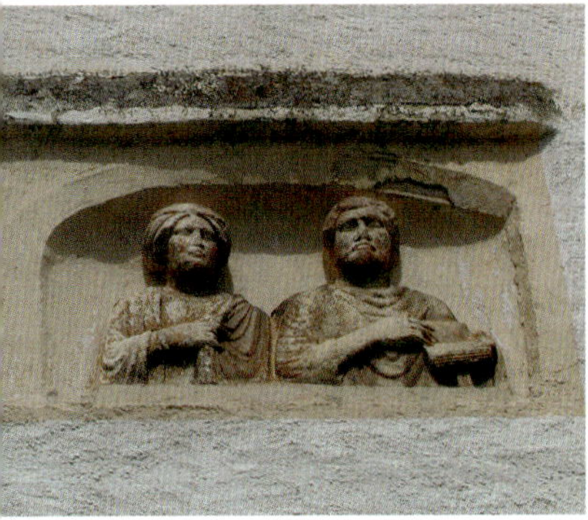

Keltisches Ehepaar am Kirchturm von St. Martin.

Ausgangspunkt: St. Martin (Kirche), 1068 m. Parkmöglichkeit im Ort, Bushaltestelle »St. Martin im Lungau Ortsmitte«.
Anforderungen: Einfache Wanderung.
Einkehr: Unterwegs keine; diverse Gaststätten in St. Michael und St. Martin.
Variante: Vom Rot-Kreuz-Stützpunkt auf Weg 91/56 zu einem Rastplatz mit großer Panoramatafel, weiter zum Martinihof (geschlossen), dann auf einem Forstweg zur ersten Wegkehre, rechts durch Wald und Wiesen zum Haus Hollerberger mit prächtiger Aussicht (ca. 1 Std.), weiter nach Staig (Weg 91) bis zur Bundesstraße, rechts bergab zur Mur und am Treppelweg flussaufwärts, vorbei am Golfplatz direkt (Weg 91) oder durch das Naturschutzgebiet Saumoos (Weg 90) zurück nach St. Michael. Gehzeit ca. 4 Std.

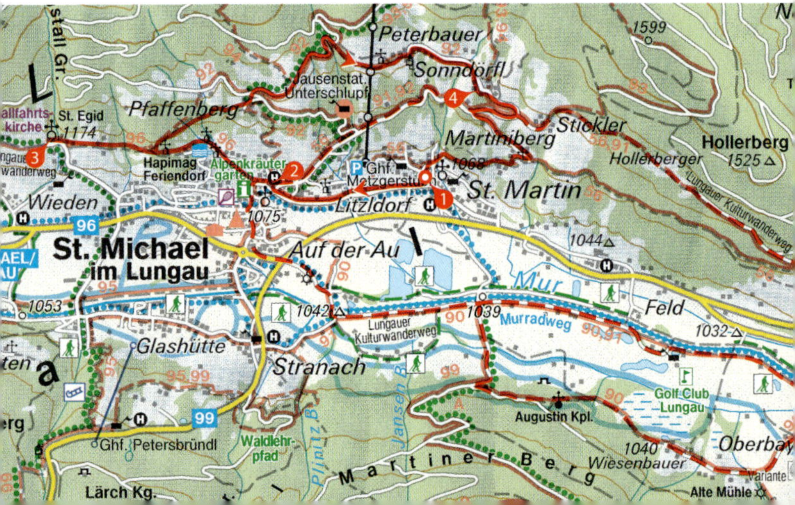

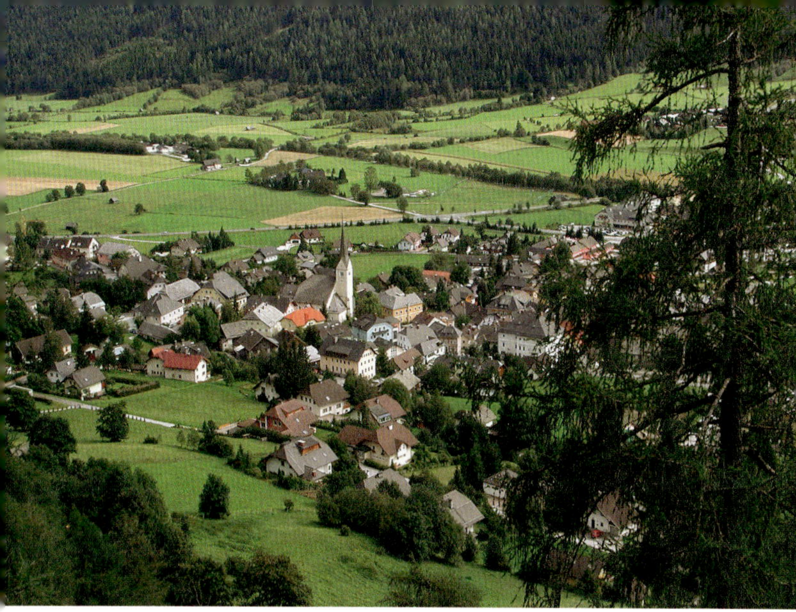

St. Michael und das Murtal.

Bei der Kirche von **St. Martin ❶**, 1068 m, führt die St.-Martiner-Straße westwärts nach **St. Michael ❷**, 1075 m. Dort folgt man nach der Kirche dem Weg Nr. 96 vorbei am Schwimmbad leicht bergauf zum **St.-Egid-Kirchlein ❸**, 1174 m, mit einer mächtigen Kreuzigungsgruppe aus dem 17. Jh. und einem wunderbaren Blick (von links) auf das Aineck, 2210 m, das Tschaneck, 2020 m, und das Kareck mit 2481 m.

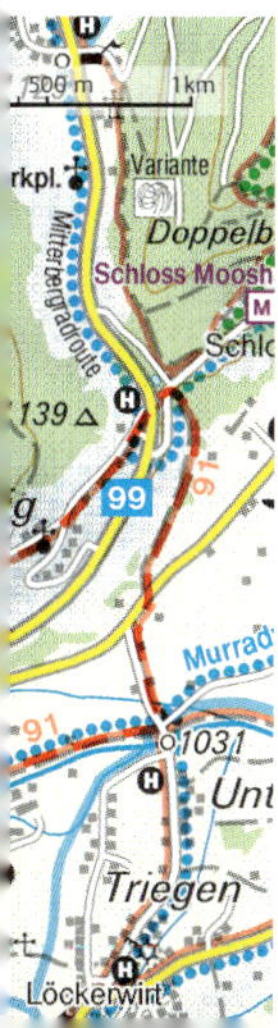

Von St. Egid zurück bis zum deutlich gekennzeichneten Mühlsteig Nr. 92, der links in den Wald zum **Sonndörfl ❹**, 1250 m, abzweigt, das seinen Namen völlig zu Recht trägt. Weiter der Straße folgend, kommt man zu einer großen Orientierungstafel. Dort links auf Weg Nr. 56 direkt zur Kirche von **St. Martin ❶**.

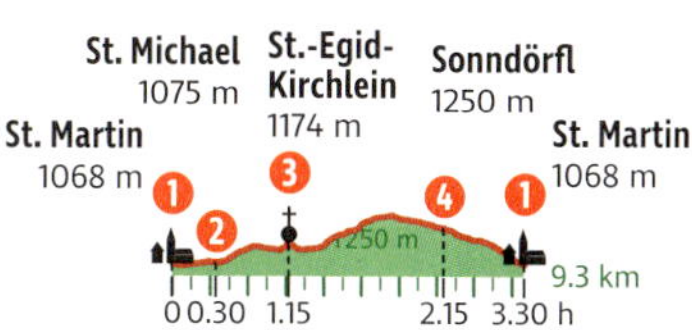

46 Ins Wastlkar, 1920 m

5.00 h

Gemütliche Almwanderung im Zederhaustal

Das einstmals abgeschiedene Zederhaustal wird seit den 1970er-Jahren von der Tauernautobahn durchquert. Fast gänzlich unberührt davon verläuft die Tour zu drei Almen, von denen leider nur noch eine bewirtschaftet ist.

Ausgangspunkt: Zederhaus, 1205 m, ca. 13 km westlich von St. Michael/Lungau, großer Parkplatz bei der Feuerwehr. Bushaltestelle »Zederhaus Feuerwehr«.
Anforderungen: Leichte Wanderung, zwischen Grandlalm und Wastlalm ist bei nassem Wetter Vorsicht geboten.
Einkehr: Schieferalm, Tel. +43 664 1787 065, Mitte Juni bis Mitte Sept.
Tipps: Buntgeschmückte Prangstangen, Mühlenweg und Denkmalhof Maurergut in Zederhaus.

Direkt hinter der Feuerwehr von **Zederhaus** ❶, 1205 m, beginnt der Dorfergraben, an dessen Anfang mehrere alte Mühlen stehen, die allesamt betriebsfähig sind und auch besichtigt werden können (Auskunft in der Tourist-Info). Nach der letzten Mühle zweigt der Weg halb rechts, kurz darauf nach links ab und führt über eine mächtige Brücke bis zu einer Schranke, bei der die Asphaltstraße endet. Nun geht es anfangs etwas steiler auf der schwach blau markierten Forststraße aufwärts bis zur schön gelegenen und mit vielen Blumen geschmückten **Grandlalm** ❷, 1810 m (nicht bewirtschaftet). Links haltend weiter auf einem schmalen Steig bis zum Talschluss des **Wastlkars** ❸, 1920 m, mit einem mächtigen Wasserfall und auf der ge-

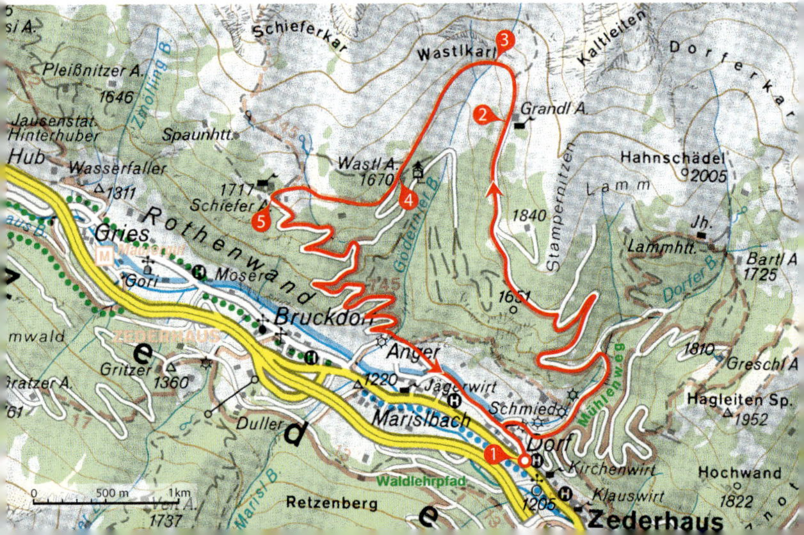

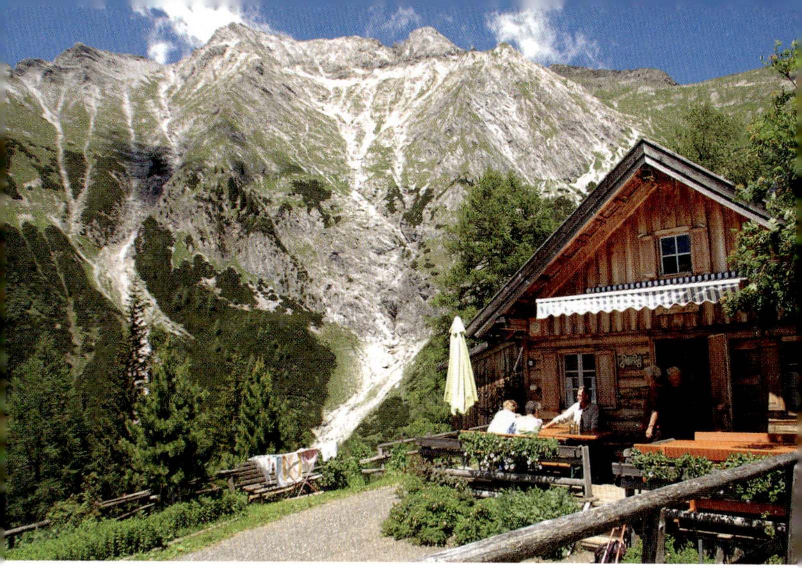

Die hübsch gelegene Grandlalm.

genüberliegenden Talseite zur privaten **Wastlalm** ❹, 1670 m (nicht bewirtschaftet), die wiederum an einer Forststraße liegt. Wenige Meter nach der Almhütte zweigt halb rechts ein Fußweg ab, der recht abwechslungsreich zur **Schieferalm** ❺, 1718 m, führt, die inmitten eines riesigen Almbodens liegt. Hier gilt es, genau auf die blaue Markierung zu achten, um auch sicher das Ziel zu erreichen.
Auf der Forststraße, Weg Nr. 745, nun talabwärts, bis links der Gödernierbach aus dem Seitental kommt und parallel zur Straße verläuft. Genau am Scheitelpunkt der Rechtskurve überquert man auf einem kleinen Steg den Bach, kommt an einem Bauernhaus vorbei und gelangt auf der asphaltierten Dorfstraße wieder an den Beginn des Mühlenwegs, der in wenigen Minuten zum Parkplatz bei der Feuerwehr von **Zederhaus** ❶ führt.

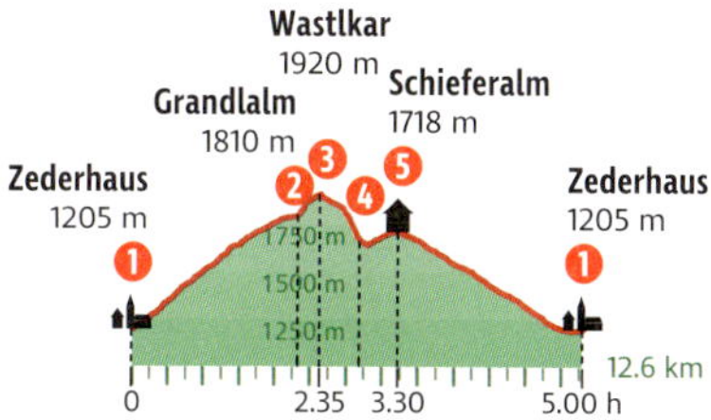

↗ 850 m | ↘ 850 m | 10.4 km

47 Mühlbachsee, 2120 m

5.30 h

Leichte Wanderung zu einem versteckten See

Wer Wandern und Brauchtum verknüpfen möchte, sollte diese Tour möglichst am 24. Juni (Johannes) oder am 29. Juni (Peter und Paul) unternehmen. An diesen Tagen ziehen die Junggesellen von Zederhaus (24. Juni) und Muhr (29. Juni) mit bis zu 12 m hohen blumengeschmückten Prangstangen durch die Orte zu den Kirchen. (Siehe auch »Brauchtum und Kultur« in der Einleitung.)

Ausgangspunkt: Kleiner Parkplatz ca. 6 km taleinwärts von Zederhaus, 1205 m, bei einer großen Hinweistafel zur Bartlalm am Nahenfeldbach, 1275 m.
Anforderungen: Lange Bergwanderung meist auf Waldwegen und Wiesenpfaden. Bei nassem Wetter ist beim Aufstieg zum See Vorsicht geboten.
Einkehr: Bartlalm, Tel. +43 664 3000 836, Mitte Juni bis Mitte Sept., Nächtigung.
Variante: Vom Freilichtmuseum Maurerhof, das etwa 4 km taleinwärts liegt, führt eine Aufschließungsstraße – Weg Nr. 14 – zur Bartlalm, die Straße vereinigt sich etwa auf halbem Weg mit der Hauptroute.

Vom **Parkplatz** ❶, 1275 m, (Hinweisschild »Bartlalm«), links der Straße ins Riedingtal führt ein kleines Sträßchen nach wenigen Metern rechts über eine Brücke und geht hinter einem Haus in den mäßig ansteigenden Ziehweg Nr. 19 über. Dabei wird der Lärm von der nahen Autobahn immer leiser. Schließlich trifft der Weg auf die Aufschließungsstraße zu den Hochalmen, der man bis zu einer Brücke folgt. Hier sollte man den kleinen Umweg – links über die Brücke – zur bewirtschafteten **Bartlalm** ❷, 1658 m, nicht scheuen und dort eine kurze Rast einlegen. Bei der schon von Weitem sichtbaren unbewirtschafteten **Lechneralm** ❸, 1660 m, endet die Straße und es beginnt ein ziemlich steiler und anfangs stellenweise feuch-

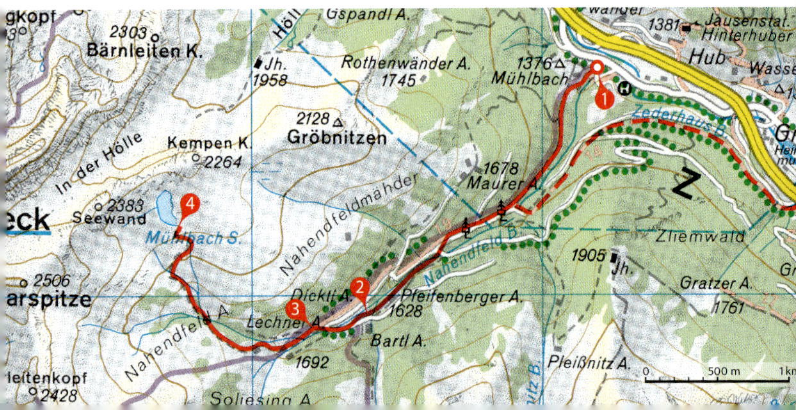

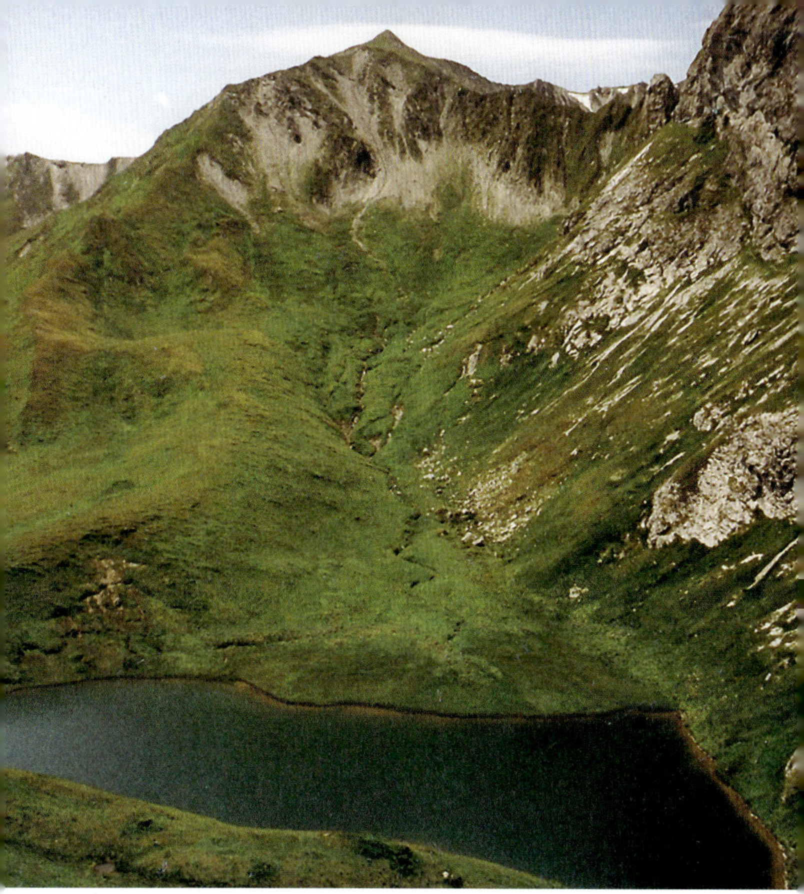

Der selten besuchte tiefgrüne Mühlbachsee.

ter Wiesenweg, der direkt zum tiefgrünen **Mühlbachsee** 4, 2120 m, führt. Bei trockener Witterung können noch die grasigen Hügel rund um den See weglos bestiegen werden. Die prachtvolle Sicht auf das 2711 m hohe Weißeck und die umliegenden Gipfel im Riedingtal lohnt die Mühe allemal.
Rückweg wie Hinweg.

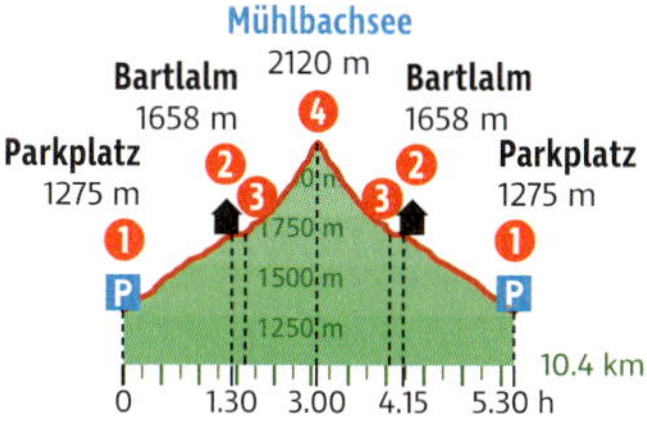

↗ 1060 m | ↘ 1060 m | 11.7 km

48 Weißeck, 2711 m

6.30 h

Im Reich der Mineraliensammler

Das mächtige Weißeck ist der höchste Gipfel im Naturpark Riedingtal und um rund 30 m höher als das markante Mosermandl im Norden des Tales und gilt als Eldorado der Mineraliensammler. Im Landschaftsschutzgebiet Naturpark Riedingtal gilt jedoch die allgemeine Landschaftsschutzverordnung – die Mineraliensuche ist deshalb nur mit einer speziellen Bewilligung gestattet.

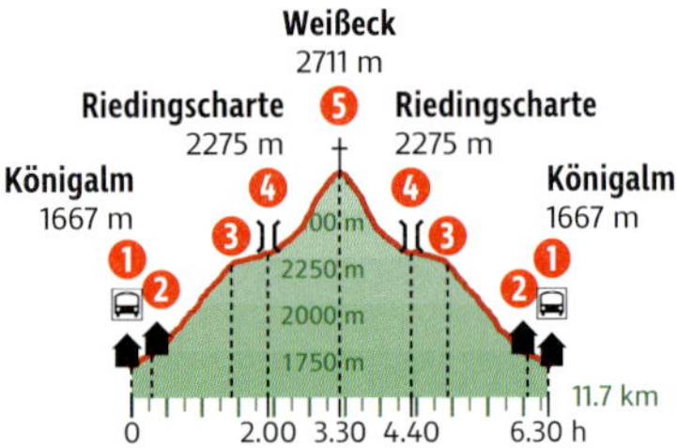

Ausgangspunkt: Königalm, 1667 m. Von Zederhaus, 1205 m, durch das Riedingtal bis zum großen Parkplatz vor der Schliereralm (teilweise Mautstraße). Weiter mit dem Tälerbus (für Benutzer der Mautstraße gratis) bis zur Königalm. Abfahrtszeiten im Naturparkzentrum Schliereralm oder in den Tourismusbüros erfragen.

Anforderungen: Bis zur Riedingscharte leichte Bergwanderung, der Aufstieg zum Weißeck erfordert an einigen Stellen Trittsicherheit und Schwindelfreiheit.

Einkehr: Königalm, Tel. +43 664 252 3297, koenigalm.at, Anfang Juni bis Ende Sept., Di Ruhetag, Nächtigung; Zauneralm, Tel. +43 650 3870 063, Mitte Juni bis Ende Sept.; Sticklerhütte, AV, Tel. +43 6479 349, sticklerhuette.at, Mitte Juni bis Ende Sept., Nächtigung.

Variante: Aufstieg wie beschrieben von der Königalm, Abstieg von der Riedingscharte zur Sticklerhütte und zur Arsenhütte. 1.15 Std.

Von der Endstation des Tälerbusses bei der **Königalm** ❶, 1667 m, etwa 10 Minuten auf dem breiten Weg taleinwärts bis zur **Zauneralm** ❷, 1733 m. Direkt hinter der Hütte beginnt links der rot-weiß und mit der Nr. 711 markierte Aufstieg über einen weiten Almboden. Nach etwa 1.30 Std. kommt man zur **Boarnlacke** ❸, 2214 m, einem kleinen See, der an seiner rechten Seite passiert wird. Bei der **Riedingscharte** ❹, 2275 m, vereinigen sich die Aufstiege aus dem Rieding- und dem Murtal.

Der weitere Steig zum Gipfel ist an einigen Stellen recht luftig und manchmal müssen auch die Hände zu Hilfe genommen werden. Links unten schimmert der dunkle Rie-

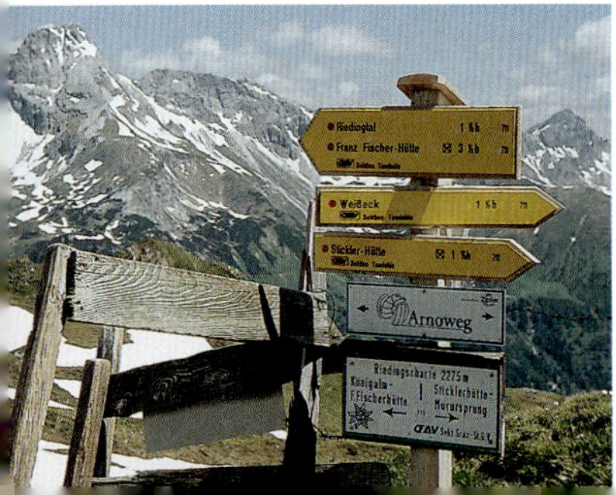

An der Riedingscharte.

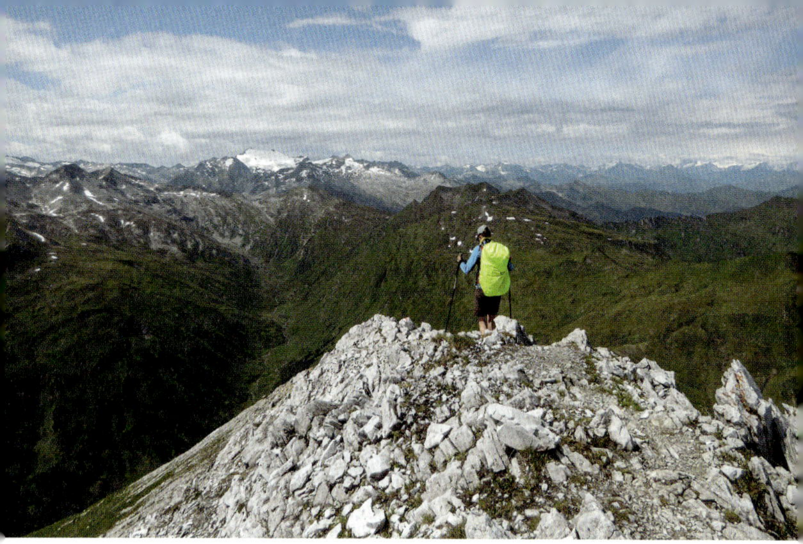

Abstieg vom Weißeck mit dem vergletscherten Ankogel in der Ferne.

dingsee, rechts die Sticklerhütte und die Mäander der jungen Mur. Vom überraschend weitläufigen Gipfelplateau des **Weißeck** 5, 2711 m, reicht die Sicht bis zu den Gletscherbergen der Hohen Tauern. Knapp hinter dem mächtigen Kreuz bricht der Fels fast senkrecht ab und bildet eine wildromantische Szenerie, die ihrem Namen »In der Hölle« vollauf gerecht wird. Abstieg wie Aufstieg oder die Variante über die Sticklerhütte.

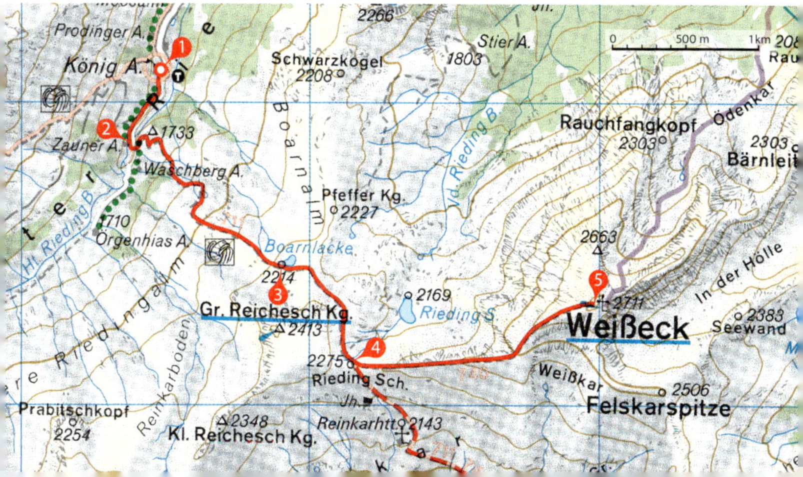

↗ 1020 m | ↘ 1020 m | 16.1 km

49 Schrovinscharte, 2039 m, und Rotgüldenseen, 2000 m

7.45 h

Blütenpracht am Rande des Nationalparks Hohe Tauern

Die Wanderung führt vom Murtal ins Tal des leider weitgehend abgeleiteten Rotgüldenbaches, mit herrlicher Sicht auf den Hafner, dem östlichsten Dreitausender der Hohen Tauern, und dessen Gletscher. Vor allem aber gleicht die Route einem Bilderbuch der Hochgebirgsflora. Edelweiß und Kohlröserl sind hier zu Hause und der Almrausch (Rostrote Alpenrose) bildet wahre Blumenteppiche.

Ausgangspunkt: Arsenhütte, 1368 m. Ab Muhr, 1124 m, etwa 10 km taleinwärts, an der Wegteilung zum Rotgüldensee und zur Sticklerhütte. Parkplatz, Tälerbus zum Parkplatz Muritzen und zur Arsenhütte.
Anforderungen: Bergwanderung teils über steile Grashänge, Trittsicherheit und Schwindelfreiheit erforderlich. Bei Nässe ist von der Tour dringend abzuraten.
Einkehr: Rotgüldensee-Hütte, AV, Tel. +43 6479 348, rotgueldenseehuette.at, Mitte Juni bis Ende Sept., Nächtigung.
Variante: Vom Arsenhaus über den Naturlehrpfad direkt zum Unteren Rotgüldensee, 1 Std. (leicht), und weiter zum Oberen Rotgüldensee, 1 Std. (Trittsicherheit und Schwindelfreiheit erforderlich).
Tipps: Kleines Bauernmuseum Blasnerhof etwa 1,5 km vor dem Parkplatz Arsenhütte.

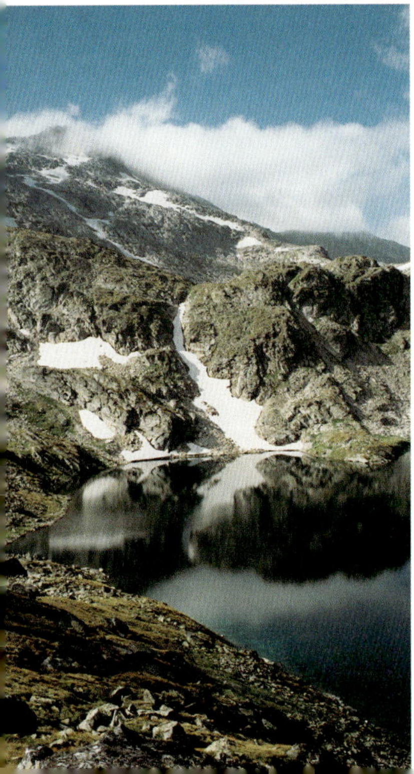

Erst spät im Frühjahr gibt das Eis den Wasserfall vom Oberen zum Unteren Rotgüldensee frei.

Von der **Arsenhütte** ❶, 1368 m, auf dem Weg Nr. 740 (Mautstraße) durch den Schmalzgraben in Richtung Sticklerhütte vorbei am Parkplatz Muritzen bis zu einer Kapelle (1591 m), bei der der Weg zu den **Muritzenalmen** ❷, 1591 m, zum Karwassersee und zur Schrovinscharte abzweigt. Nach einem kleinen Hüttendorf führt Almweg Nr. 540 durch den Hochwald. In einer scharfen Rechtskurve zweigt ein Steig (weiterhin Nr. 540) links ab und führt über weite Almhänge durch das Schrovinkar in die **Schrovinscharte** ❸, 2039 m, von der sich bald ein herrlicher Blick auf den Hafner und den Unteren Rotgüldensee (Stausee) öffnet. Der steile Abstieg zum See ist sehr mühsam und führt teils gesichert über ziemlich verwachsene, aber ungewöhnlich blütenreiche Grashänge. Höchste Vorsicht ist hier geboten! Mächtige Lärchen säumen das letzte Stück des Weges zur **Rotgüldensee-Hütte** ❹, 1739 m, am gleichnamigen See. Bei genügend Kondition empfiehlt sich noch ein Abstecher zum 2000 m hoch gelegenen **Oberen Rotgüldensee** ❺, der über einen rauschenden Wasserfall mit dem unteren See verbunden ist. Der Abstieg von der **Rotgüldensee-Hütte** ❹ zur **Arsenhütte** ❶ erfolgt über den markierten Naturlehrpfad Nr. 541.

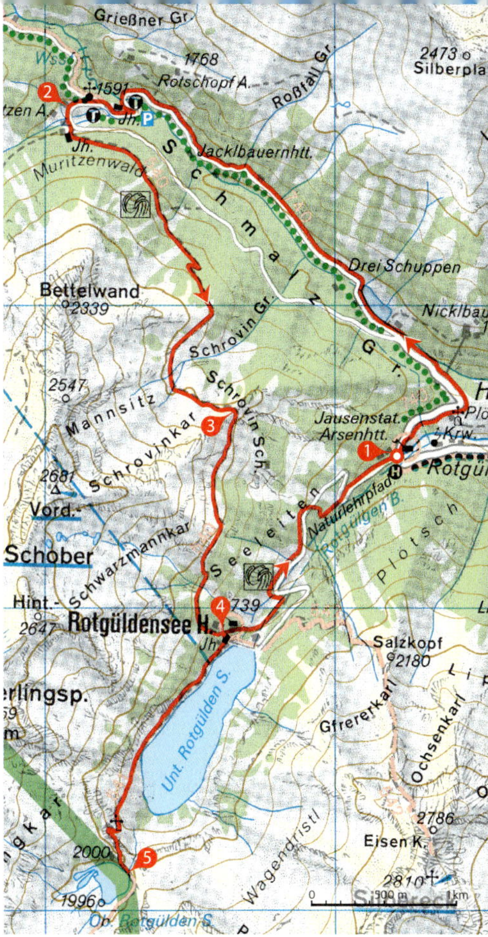

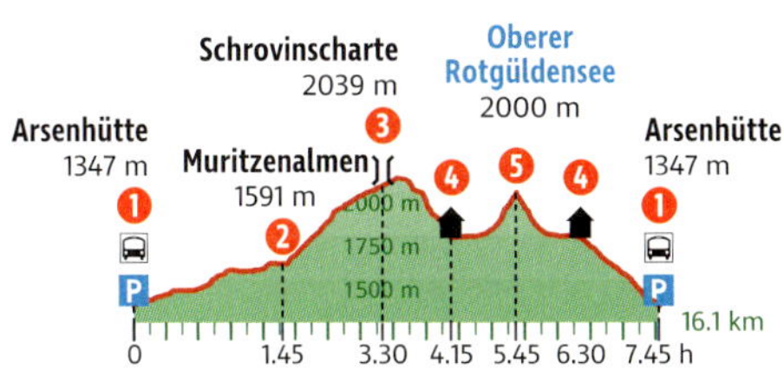

TOP

50

↗ 950 m | ↘ 950 m | 18.5 km

Murursprung, 1898 m, und Schmalzscharte, 2444 m

5.45 h

Familienwanderung zur Quelle von Österreichs zweitlängstem Fluss

Die Wanderung zum Murursprung ist zur Zeit der Schneeschmelze Ende Juni besonders eindrucksvoll. Von den Bergen stürzen rundum die Bäche und die junge Mur rauscht unter einem mächtigen Schneeschlund hervor. Dazu ein Blütenmeer, das von den roten Teppichen der Alpenrosen dominiert wird. Bei der Sticklerhütte wird die Mur erstmals gezähmt. Ein Teil fließt durch den Berg in den Unteren Rotgüldensee und weiter in das Kraftwerk nach Hintermuhr.

Ausgangspunkt: Parkplatz Muritzenalm, 1545 m. Von Muhr, 1124 m, taleinwärts weiter auf der Mautstraße in Richtung Sticklerhütte. Tälerbus zum Parkplatz Muritzen.

Anforderungen: Bis Murursprung einfache Wanderung auch für Kinder, Trittsicherheit für den Aufstieg zur Schmalzscharte.

Einkehr: Sticklerhütte, AV, Tel. +43 6479 349, sticklerhuette.at, Mitte Juni bis Ende Sept., Nächtigung.

Varianten: 1. Statt von der Schmalzscharte wieder direkt abzusteigen, kann man westlich auf dem Tauern-Höhenweg Nr. 702 über das Kleine Mureck, 2402 m, zum Murtörl, 2260 m, gehen und von dort östlich auf dem Weg Nr. 724 absteigen, der direkt auf den Weg Nr. 711 zur Sticklerhütte trifft; ca. 1 Std. länger. Auf dieser Route ist allerdings bis etwa Mitte Juli mit größeren Schneefeldern zu rechnen!
2. Trittsichere, erfahrene Berggeher können von der Schmalzscharte noch weglos den Frauennock, 2678 m, besteigen. Gehzeit 45 Min.

Auf den ersten Metern gluckert die Mur noch entspannt dahin.

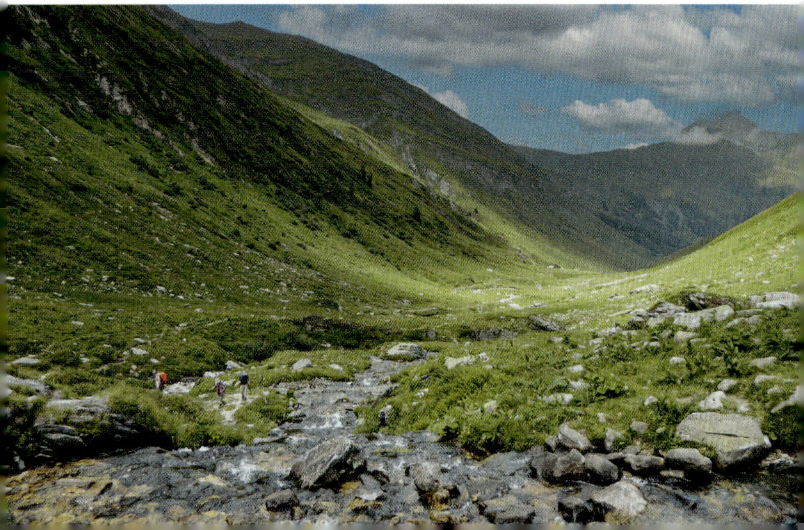

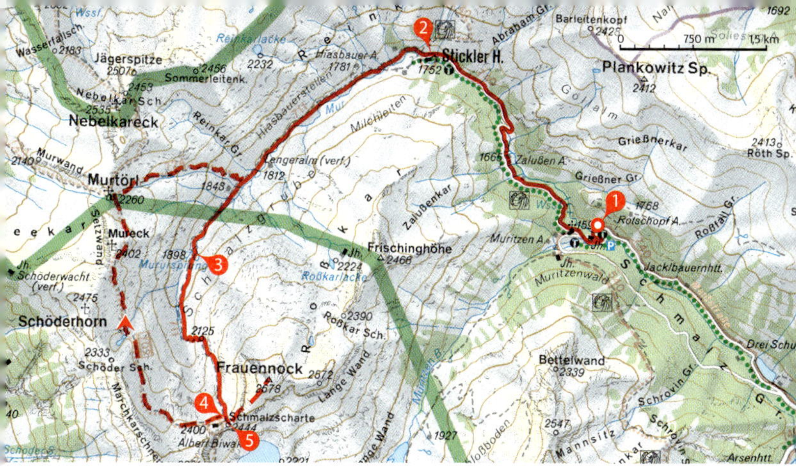

Vom Parkplatz **Muritzenalm** ❶, 1545 m, geht es recht gemütlich auf der Straße in Richtung Sticklerhütte. Unterwegs trifft man höchstens auf den Tälerbus und einige Radfahrer, die den Ausgangspunkt des Murtalradweges bei der Sticklerhütte ansteuern. Bei einer Kapelle zweigt links Weg Nr. 540 zu den Muritzen-Almen, zum Karwassersee und zur Schrovinscharte (Tour 49) ab. Weiter auf dem rot-weiß markierten Weg Nr. 740 zur großzügig ausgebauten **Sticklerhütte** ❷, 1752 m, und dann westlich durch das weite Tal auf dem fast ebenen Weg Nr. 711 zum deutlich gekennzeichneten **Mururspung** ❸, 1898 m, auf der linken Talseite (Hinweistafel). Hier beginnt der zuerst sanfte Anstieg durch den Schmalzgraben auf die Schmalzscharte. Der Pfad schlängelt sich in vielen Serpentinen und über mächtiges Blockgestein rasch höher zum kleinen **Albert-Biwak** ❹, 2400 m, und weiter zur prachtvollen Aussichtskanzel auf der **Schmalzscharte** ❺, 2444 m. Herrlich die beiden Schwarzseen, der Weinschnabel, die ganze Gipfelkette der Hohen Tauern. Ein besonders eindrucksvoller Platz zum Schauen und Genießen. Der weitere Weg nach Süden – Tauern-Höhenweg Nr. 502 – ins Maltatal fällt steil zum See ab und ist daher gut ausgebildeten und klettersteigerfahrenen Bergsteigern vorbehalten! Abstieg über den Aufstiegsweg oder über das Murtörl (Variante).

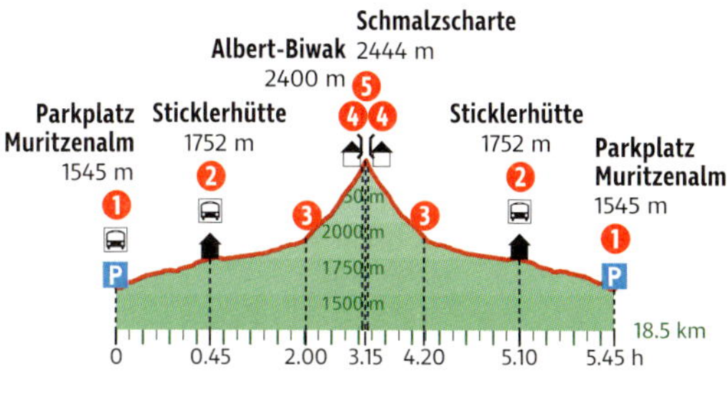

STICHWORTVERZEICHNIS

Noch mehr Wanderglück ...

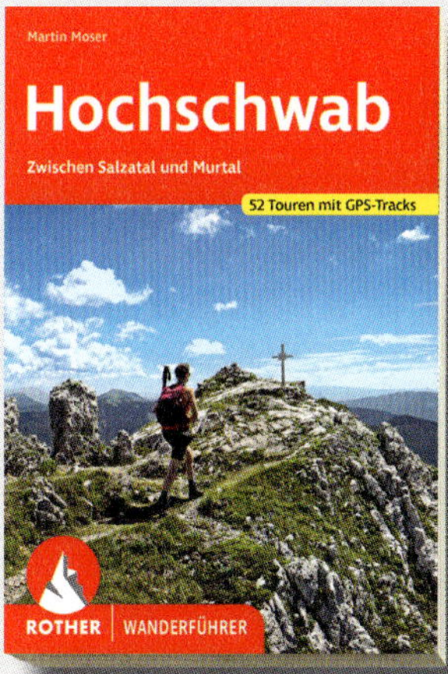

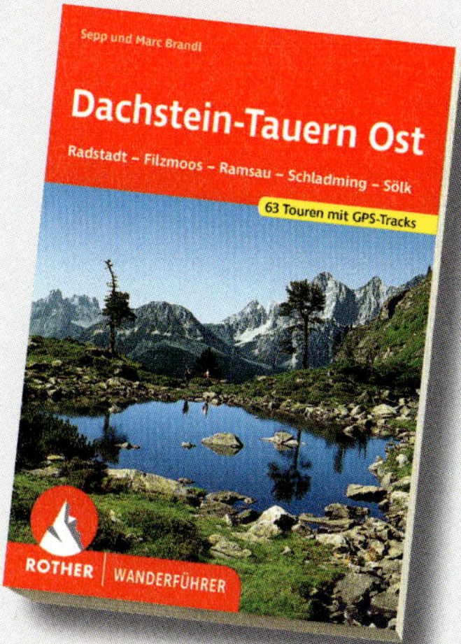

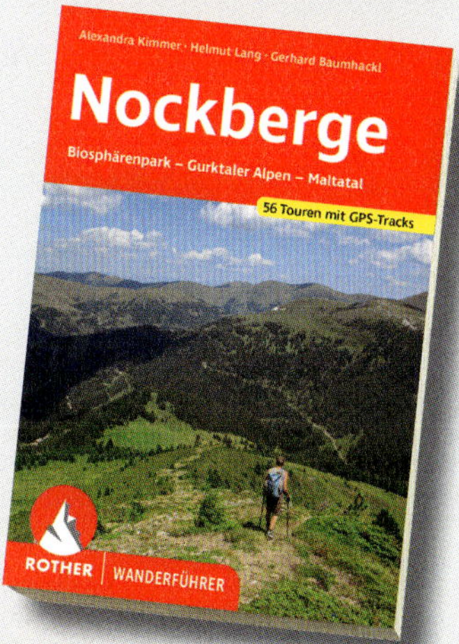

ROTHER | WWW.ROTHER.DE